카라바조

렘브란트

빈센트 반 고흐

에드바르 뭉크

툴루즈 로트렉

디에고 벨라스케스

구스타프 클림트

프란시스코 고야

에곤 실레

귀스타브 쿠르베

프리다 칼로

일리야 레핀

마르크 샤갈

윌리엄 터너

요하네스 페르메이르

에드가 드가

에두아르 마네

클로드 모네

폴 세잔

미술관에 간 스님

알고 보면
더 힘이 되는
미술 명작
수업

미술관에 간 스님

알고 보면
더 힘이 되는
미술 명작
수업

보일 지음

불광출판사

어느 낯선 도시의 미술관, 거대한 캔버스 앞에 홀로 섰던 순간을 기억합니다. 수많은 관람객의 소음은 멀어지고, 그림과 나 사이에 오직 침묵만이 흐르던 그 찰나. 물감의 질감, 붓의 흔적, 빛과 어둠의 경계가말을 걸어왔습니다. 그것은 언어로 설명할 수 없는 깊은 공명이었습니다. 화가는 이미 세상을 떠난 지 오래지만 그의 시선과 고뇌, 희열의 순간이 색채의 파동이 되어 시공을 넘어 제게로 밀려왔습니다. 왜우리는 그림 앞에서 발걸음을 멈추고, 때로는 알 수 없는 슬픔이나 위로를 느끼는 것일까요? 캔버스라는 사각의 우주 안에 담긴 것은 과연무엇일까요? 이 책은 바로 그 질문에서 시작된 긴 여정의 기록입니다. 위대한 예술가들의 치열한 삶과 그들이 빚어낸 작품세계를 불교라는 오래된 지혜의 창을 통해 새롭게 바라보려는 시도입니다.

어쩌면 이것은 무모한 모험일지도 모릅니다. 서양의 구상과 표현, 자아와 개성의 예술이 불교의 무아(無我)와 공(空), 연기(緣起)의 사상과 어떻게 만날 수 있을까요. 한쪽은 채우고 드러내는 예술이고, 다른 한쪽은 비우고 내려놓는 철학처럼 보입니다. 그러나 그 간극 깊숙한 곳으로 걸어 들어갈수록 저는 놀라운 풍경과 마주했습니다. 그들이 걷던 길이 다르지 않았음을, 그들이 던졌던 질문이 다르지 않았음을 발견하게 된 것입니다. 예술과 종교, 혹은 철학은 마치 한 뿌리에서 자라난 다른 줄기와 같습니다. 인간이라는 조건, 유한한 삶 속에서 무한을 갈망하고 고통의 바다에서 의미를 찾으려는 처절한 몸짓이라는 점에서 그렇습니다. 붓다의 가르침이 삶의 고통에 대한 깊은 연민에서 시작되었듯, 위대한 예술가들의 작품 역시 시대의 아픔과 개인적 고뇌를 온몸으로 껴안는 과정에서 탄생했습니다. 그들은 캔버스 위에서 자신만의 방식으로 세상의 본질을 묻고, 존재의 허무와 마주하며, 찰나의 아름다움 속에서 영원을 길어 올렸습니다.

산중에 머무는 수행자가 미술관을 기웃거릴 때 사람들은 이렇게 묻습니다. AI가 이미 시를 쓰고 그림을 그리는 최첨단의 시대에, 왜 오래된 불교의 지혜를 굳이 미술관의 그림 옆에 세워 두려 하느냐는 것입니다. 그 물음에 답하기 위해, 저는 먼저 우리가 발 딛고 서 있는 이 시대를 돌아봅니다. AI가 단 1초 만에 화려한 그림을 생성하고 세상의 모든 질문에 정답을 내놓는 시대. 그러나 기술이 편리한 결과를 제공할 수는 있어도, 고뇌 끝에 탄생한 붓질의 떨림이나 압도적인 아름다움 앞에서 느끼는 전율까지 대신할 수는 없습니다. 디지털 데이터가 넘쳐 날수록 저는 역설적으로 가장 뜨거운 인간의 숨결이 깃든 미술관으로 발걸음을 옮기게 되었습니다. 모니터 속의 매끈한 이미지와 달리, 현장에서 마주한 거장들의 작품에는 몸을 가진 존재만이 겪어 낼 수 있는 삶의 고통과 환희가 날것 그대로 숨 쉬고 있었기 때문입니다. 그 생생한 내적 체험이야말로 어떤 알고리즘으로도 환원될 수 없는 마음의 고유한 온기이자, 우리가 소중히 품어야 할 인간다움의 본질임을 알게 되었습니다.

이 책은 편안한 알고리즘의 추천 뒤에 숨는 대신, 스스로 질문하고 온몸으로 느끼며 무뎌진 사유의 근육을 되찾으려 한 저만의 수행 기록입니다. 미술관의 한 벽에 조용히 걸린 그림 앞에 멈춰 설 때, 우리는 비로소 알고리즘의 시선에서 벗어나 오로지 나의 눈, 나의 호흡, 나의 감각으로 세계를 마주하게 됩니다. 한 점의 색과 선, 캔버스 위의 여백과 침묵은 마음의 소음을 가라앉히며, 타인의 말과 기계의 추천이 아닌 '내가 지금 여기서 무엇을 느끼고 어떻게 사유하는가'라는 고유한 감성과 사유의 자리를 되찾게 해 줍니다. 이것이 바로 제가 미술관을 찾게 된 이유입니다.

미술은 언어의 한계를 넘어 우리 안으로 스며드는 빛입니다. 마르셀 뒤샹이 변기 하나로 세상의 고정관념을 깨부술 때, 그 자리에서 저는 선사(禪師)의 거침없는 할(喝)과 방망이 소리를 들었습니다. 에드워드 호퍼가 그려 낸 도시의 고독한 풍경 속에서 '코뿔소의 뿔처럼 혼자서 가라'라는 붓다의 가르침을 보았고, 마크 로스코의 거대한 색면 앞에서는 침묵의 언어로 전해지는 깊은 위로와 공의 세계를 만났습니다. 잭슨 폴록이 화면 위에 흩뿌린 혼돈의 궤적에서는 화엄의 법계연기(法界緣起), 곧 모든 점과 선이 서로를 조건 지으며 또 하나의 세계를 이루는 우주의 숨결을 읽어 냈습니다. 앤디 워홀의 끝없이 복제된 이미지들 속에서는 색즉시공(色卽是空), 곧 형상과 명성이 얼마나 허망하게 비워져 가는지를 되새기게 되었습니다. 이 거장들의 붓질은 단순한 예술 행위가 아니라, 인간의 고통과 고독 그리고 존재의 실상을 꿰뚫어 보려는 치열한 구도의 몸짓과 다르지 않습니다.

저는 그들의 그림 속에서 불교가 오래도록 설해 온 연기와 무상(無常)의 진리를 다시 확인합니다. 이 책에 실린 34명의 미술가는 마치 제가 『화엄경』 속 선재동자가 되어 미술관에서 만난 선지식(善知識)과도 같았습니다. 이 화가들은 AI 시대를 살아가는 우리를 흔들어 깨워 "자신의 마음을 들여다보라"라고 일러 주는 스승이자, 그림이라는 형식을 빌려 우리가 잊고 지낸 자기 마음의 얼굴을 다시 비추어 주는 거울들입니다. 그리고 이 책은 미술관에서 펼쳐지는 작은 법회이자 캔버스 위에서 나누는 선문답입니다. 우리는 프리다 칼로의 작품 앞에서 고통을 외면하지 않고 직면하는 법을 배우고, 데이비드 호크니의 반짝이는 물결 앞에서 찰나의 현존을 온전히 느끼는 연습을 하게 됩니다. 그 모든 만남의 끝에서, 독자 여러분 각자가 미술관에서 만난 한 점의 그림을 통해 이 시대를 견디고 건너갈 수 있는 내면의 고요한 안식처를 발견하기를 바랍니다. 그들의 예술적 통찰과 삶을 향한 따뜻한 시선이 제게 큰 위로가 되었듯, 그 자비의 마음이 여러분에게도 오롯이 전해지기를 바라는 마음입니다.

이 책은 미술사의 연대기적 순서를 따르지 않습니다. 대신 예술가들이 저만의 방식으로 현실을 마주하고, 이로써 얻은 깨달음의 흐름을 따라 걷도록 구성되었습니다. 부디 순서에 얽매일 필요는 없습니다. 어떤 장(章)은 당신의 외로움을 위로할 것이고, 어떤 장은 무뎌진 정신을 죽비처럼 내리칠 것입니다. 마치 산사에서 스승과 차 한 잔을 나누듯, 하루에 한 명씩 그들의 삶과 작품을 천천히 음미해 보길 권합니다. 그 만남 속에서 미술 지식이 아닌, 삶을 지탱할 지혜의 단서를 발견하게 될 것입니다. 이 책은 정답을 제시하는 지도가 아닙니다. 함께 길을 떠나자고 제안하는 초대장입니다. 제가 그림 속에서 발견한 불교적 사유의 조각들은 저의 주관적이고 감성적인 재해석의 결과물일 뿐입니다. 부디 이 글을 하나의 길잡이 삼아 각자의 시선으로 새로운 길을 찾아가길 바랍니다. 이 책을 통해 미술이 조금 더 가깝고 깊게, 붓다의 가르침이 더 현실적이고 생생하게 우리 삶의 이야기로 다가갈 수 있다면 더 바랄 것이 없겠습니다.

해인사에 머물던 시절, 어느 날 폭우를 뚫고 불광출판사 양민호 편집자님이 동료들과 함께 적묵당을 찾아왔던 기억이 생생합니다. 따뜻한 차를 마시면서 이어진 원고 의뢰를 피할 재간이 없었습니다. 이들의 열정이 없었다면 이 책은 세상에 나오지 못했을 겁니다. 참 좋은 인연입니다. 그 후 2022년 2월부터 월간 「불광」에서 시작했던 연재가 4년 가까운 시간 동안 이어졌습니다. 매월 마감의 긴장감 속에서도 묵묵히 저와 보조를 맞춰 준 김남수 편집주간님께도 깊은 감사를 전합니다. 고생 많으셨습니다. 또한 조금이라도 더 나은 책을 만들기 위해 애써 주신 불광출판사 관계자분들께 감사드립니다. 아울러 꼼꼼한 교정과 작품 해설의 사실 관계를 확인해 준 조민경 미술 작가님께도 깊은 고마움을 전합니다. 앞으로 펼쳐질 작가님의 활발한 작품 활동을 기대하며 따뜻한 감사와 응원을 보냅니다.

위대한 예술이나 수행이 이르는 곳은 결국 다르지 않을 것입니다. 그것은 우리가 발 딛고 선 이 삶의 순간순간을 더 깊이 사랑하고, 타인의 고통에 공감하며, 유한한 존재의 경이로움을 온전히 껴안는 법을 배우는 일입니다. 이 책을 덮고 미술관을 찾았을 때, 혹은 일상의 한 장면을 마주했을 때, 여러분의 시선이 머무는 바로 그곳에서 문득 새로운 깨달음의 순간이 찾아오기를 진심으로 기원합니다. 미술관은 선방이 되고, 바라봄은 명상이 될 것입니다. 그 고요하고도 충만한 여정에 당신을 초대합니다.

2026년 겨울, 눈 내리는 가야산에서
보일 합장

차례

1부

불안을 응시하다

죄와 어둠,
폭력의 심연을 응시하다

카라바조
Michelangelo Merisi da Caravaggio

"누가 무엇을 그렸든,
그것이 삶에서 만들어지고
그려지지 않는 한 모든 작품은
유치하고 사소한 것일 뿐이다.
자연을 따르는 것보다
더 좋은 것은 없다."

삶은 모순적이다. 빛이 있으면 어둠이 있듯이 삶에는 자랑스러운 성취만큼이나 작지 않은 실수와 과오가 중첩된다. 때로는 과오가 삶 전체를 송두리째 집어삼키기도 하고, 그로 인해 죄책감으로 그늘진 하루하루를 살기도 한다. 그럴 때면 자신으로부터 도망치거나 타협을 시도하기도 하지만, 번번이 다시 어두운 뒷골목으로 끌려 들어가기 일쑤다.

예술은 인간의 내면을 표현하고 새로운 상상과 성찰을 통해 전혀 다른 시점에서 세상을 바라보게 만든다. 가령 신을 향한 시선을 거두고, 인간의 내면으로 눈을 돌리면서 스스로를 돌아보게 하는 전환점 역할을 하기도 한다. 신 앞에 엎드려 빌면서 심판과 단죄를 기다리기보다 스스로 참회하고 과거와 결별하는 단호한 의지의 수단이 되어 주는 것이다. 예술은 행위 자체로 누군가에게 삶의 구원이 되고 위로가 된다.

자신의 작품을 반성문 삼아 끊임없이 자신을 단죄하려 한 남자가 있다. 르네상스 시대의 천재 예술가 미켈란젤로 부오나로티와 동명(同名)인 탓에 '카라바조'라는 이명으로 더 잘 알려진 미켈란젤로 메리시 다 카라바조(Michelangelo Merisi da Caravaggio, 1571~1610)다. '다 카라바조'는 카라바조 지역 출신이라는 의미이다. 카라바조는 밀라노 외곽의 작은 소도시로 미켈란젤로 메리시 다 카라바조 부모님의 고향이자 그가 다섯 살이 되던 해 페스트를 피해 피난을 떠난 곳이다.

'카라바조'라는 이름은 미술사에 문외한이었던 나에게 다소 생소한 이름이었다. 아마 나처럼 댄 브라운의 소설 『다빈치 코드』를 통해 그 이름을 처음 접한 사람이 적지 않을 것이다. 소설 도입부에 루브르 박물관 관장 자크 소니에르가 괴한의 습격을 피해 달아나다가 벽에 걸린 카라바조의 그림에 깔리는 장면이 나온다. 당시에는 그저 유명한 화가인가 보다 하고 무심코 지나쳤는데, 로마 보르게세 미술관에 전시된 〈병든 바쿠스〉를 직접 보고서야 카라바조가 누구인지 알게 되었다.

카라바조의 그림에는 팽팽한 긴장과 불안이 묻어난다. 특히 〈병든 바쿠스〉에 표현된 불안과 위태로움에 대한 묘사는 가히 독보적이다. 파리하고 메마른 입술 사이로 어색한 미소를 짓고 있는 바쿠스의 얼굴은 보는 이에게 안쓰러움을 자아낼 만큼 초췌하고 병색이 짙다. 아무렇지 않은 듯 포도송이를 움켜쥔 더러운 손과 선명하게 보이는 엄지손톱의 때는 사실적이다 못해 부담스러울 정도다.

머리에 쓴 월계관 역시 찬란한 영광이나 명예로움과는 거리가 멀어 보인다. 오히려 빛나던 시절이 다 지나고 낡고 퇴색해 버린 존재의 고독과 쓸쓸함을 은유적으로 보여 주는 듯하다. 그림 속 바쿠스의 병이 악화되고 있는지 아니면 병에서 회복하고 있는지는 알 수 없다. 어느 쪽이냐에 따라 작품을 보는 관점이 달라지겠지만, 다만 카라바조가 당시 자신의 모습을 병든 바쿠스로 묘사했다고 짐작할 뿐이다.

카라바조는 종교 개혁 운동이 한창이던 1571년 이탈리아 밀라노에서 태어났다. 다섯 살이 되던 해 밀라노를 덮친 페스트로 인해 아버지를 잃고 카라바조 지역으로 이주한다. 홀어머니와 형제들 사이에서 가난하고 불우한 유년기를 보낸 그는 열여덟 살 때 기회의 땅 로

〈병든 바쿠스〉, 1593~1594

마로 향한다.

당시 로마는 매너리즘 풍조가 지배적이어서 카라바조가 밀라노에서 가져온 그림들은 그다지 관심을 끌지 못했다. 그래서 처음 5년간은 생활고에 시달려야 했다. 이곳저곳 옮겨 다니며 푼돈을 받고 잡일을 도와주거나 그림을 파는 게 전부였다. 하지만 사람들에게 인정받지 못했을지언정 포기하지 않고 작품 활동을 이어 가며 40여 점의 그림을 그렸다.

그러던 어느 날, 미술품 거래상 발랑탱의 제안을 받고 그린 그림들이 교황청 유력 성직자인 프란체스코 델 몬테의 관심을 끌게 된다. 이후 후원자가 된 델 몬테의 주선으로 여러 제단화를 의뢰받는데, 대표적인 작품이 로마 산 루이지 데이 프란체시 성당의 '성 마태 3연작'과 산타마리아 델 포폴로 성당의 〈십자가에 못 박힌 성 베드로〉와 〈성 바울의 회심〉이다.

이때부터 차츰 카라바조의 명성이 높아지기 시작한다. 하지만 여전히 그는 친구들과 어울려 다니면서 싸움박질을 하는 등 방탕한 삶을 살아간다. 심지어 칼을 품고 다니면서 자신의 화풍을 따라 하는 동료 화가의 작품을 난도질하기도 했다. 폭행, 기물파손, 살인 등으로 총 열일곱 번에 걸쳐 수배되고 일곱 번이나 수감당한다. 더 놀라운 건 여섯 번의 탈옥 기록이다. 뇌물을 쓰든 뭘 하든, 수감만 되었다 하면 수단과 방법을 가리지 않고 감옥에서 벗어났다.

잠시 고위 성직자의 도움을 받기도 했으나 얼마 못 가 다시 거리의 부랑자로 돌아온 카라바조. 한번은 페스트에 걸려 죽을 고비를 넘

〈성 마태의 소명〉, 1599~1600

〈성 바울의 회심〉, 1600

기기도 했지만 그런다고 삶이 달라지진 않았다. 폭력적이고 무절제한 생활을 반복하던 그는 결국 살인까지 저지르게 되고, 더 이상 카라바조의 악행을 두고 볼 수 없었던 교황 바오로 5세로부터 '반다 카피탈레(banda capitale)', 즉 발견하는 즉시 처형하라는 처분을 받는다.

이후 카라바조는 수배를 피해 4년간 나폴리, 몰타, 시칠리아 등을 전전한다. 화가로서 명성이 자자한 카라바조의 그림을 얻으려는 이들의 도움으로 도피 생활을 이어 가지만 그것도 잠시일 뿐, 토스카나 지방의 포르토 에르콜레에서 38세로 때 이른 죽음을 맞이한다. 자신이 이미 사면되어 자유로운 몸이 되었다는 사실도 모른 채.

카라바조는 르네상스 이후 별다른 진전이 없던 매너리즘 시대를 종식하고 1600년대 바로크 시대를 연 선구자이다. 그는 특유의 명암처리 기법인 '테네브리즘(Tenebrism)'을 활용해 작품의 극적 효과를 배가했는데, 훗날 이 기법은 렘브란트와 루벤스 등 여러 화가의 화풍에 큰 영향을 미친다. 카라바조가 남긴 수많은 종교화 역시 이 기법을 통해 그만의 방식으로 재해석되고 재탄생한 작품들이라 할 수 있다.

이 외에도 다른 종교화에서는 볼 수 없는 카라바조 종교화만의 특별함이 하나 더 있다. 바로 전통적인 시각에서 벗어나 뒷골목의 풍경이나 하층민의 삶을 작품 소재로 삼았다는 점이다. 가톨릭교회로부터 성화 제작을 의뢰받은 그는 성서에 등장하는 인물을 뒷골목의 건달, 도박꾼, 매춘부로 교묘하게 바꿔치기한다. 물론 카라바조 자신도 예외가 아니다. 〈골리앗의 머리를 들고 있는 다윗〉을 보면 자신의 어릴 적 모습과 현재 모습을 고스란히 묘사하고 있다. 배경의 명암만

〈골리앗의 머리를 들고 있는 다윗〉, 1609~1610

이 아니라 등장인물을 통해서도 상상 속 성스러움과 현실의 비루함을 대비하고자 했던 것일까. 카라바조의 작품 속 명과 암 혹은 성(聖)과 속(俗)의 대비는 실제 그의 생애와도 묘하게 겹쳐진다.

〈골리앗의 머리를 들고 있는 다윗〉은 카라바조의 마지막 작품으로 추정되는 그림이다. 그림 속 다윗은 왼손으로 골리앗의 머리를 움켜쥔 채 서 있다. 골리앗의 최후를 확인이라도 하듯 시선은 앞으로 내민 손끝을 향해 있다. 오른손에는 골리앗으로부터 빼앗은 칼이 들려 있다.

자세히 보면 다윗은 어렸을 적 카라바조의 모습이고, 목이 잘린 골리앗은 세파에 찌들어 흉측하게 변해 버린 성년의 카라바조임을 알 수 있다. 그림 속 다윗은 골리앗과의 싸움에서 승리했다는 사실에 기뻐하지 않는다. 오히려 측은한 눈빛으로 골리앗의 머리를 응시할 뿐이다. 마치 어린 카라바조가 나이 든 카라바조를 단호함과 연민이 뒤섞인 표정으로 바라보는 듯하다. 어쩌면 이 그림을 그릴 무렵 카라바조는 죽음을 예감했는지 모른다. 인생의 끝자락에서 자신의 지난날을 돌아보며 스스로에게 최후의 선고를 내리는 심정으로 이 그림을 그렸던 게 아닐까.

카라바조의 작품에는 유독 '참수' 장면이 자주 등장한다. 〈골리앗의 머리를 들고 있는 다윗〉을 비롯해 〈세례자 성 요한의 참수〉, 〈홀로페르네스를 참수하는 유디트〉 등이 대표적이다. 그의 거친 성정이 반영된 것일 수도 있고, 아니면 오만함과 폭력성 그리고 광기로 점철된 현실과의 단절을 원하는 내면의 심리가 투사된 것일 수도 있다. 혹은 지나온 삶에 대한 고해성사이자 발로참회일 수도 있다. 진실은 알 수 없지만 다윗의 오른손에 들린 칼등에 적힌 문구를 통해 어렴풋이 그 마음을 헤아려 볼 수 있을 듯싶다.

"겸손이 자만을 이긴다[Humilitas Occidit Superbiam]."

방황과 몰락 끝에 돌아온
본래의 자리

렘브란트
Rembrandt Harmenszoon van Rijn

"외적인 환경이 어려울수록
나의 정신적 성숙과 표현의
힘은 날로 더해지는 것 같소.
이러한 상황에 좌절하기보다
회화적으로 소생하려고
발버둥 치고 있는 것이오."

한 사내가 무릎을 꿇은 채 늙은 아버지에게 용서를 구하고 있다. 아들의 뒷모습에서 낡아 해진 신발이 눈에 띈다. 왼쪽 신발은 벗겨져 있고 그나마 신고 있는 오른쪽 신발은 뒤꿈치가 닳아서 온데간데없다. 남루하고 초라한 행색이다. 큰 체구의 아버지는 힘들어 보이는 아들을 자비롭게 안아 준다. 마치 새가 보금자리에서 알을 품듯이 노쇠한 팔을 뻗어 "아들아, 이제 돌아왔구나. 잘 왔다" 하며 다정하게 아들의 등을 보듬는다. 아들은 그런 아버지 품에 말없이 기댈 뿐이다.

오래전 아들은 아버지에게 자기 몫의 유산을 요구했다. 불효막심한 태도에도 아버지는 관대하게 자신의 재산을 나누어 주었다. 미리 재산을 상속받은 아들은 이곳저곳을 떠돌며 술과 도박, 여자에 빠져 온갖 향락을 즐기다 만신창이가 되어 다시 원래 자리로 돌아왔다. 옆에서 못마땅한 얼굴로 부자의 상봉을 지켜보는 형의 표정이 아버지와 탕아(동생)의 표정과 대조를 이룬다. 평생 곁에서 아버지를 모신 자신은 받아 보지 못한 환대와 사랑에 대한 질투심이 묻어난다. 그러나 아버지는 돌아온 아들이 용서를 구하기도 전에 이미 용서한 눈빛이다. 비로소 탕아의 얼굴에도 환한 평화가 찾아온다. 고향에 돌아온 지금, 더는 욕망에 휘둘렸던 과거의 번뇌는 없다.

렘브란트의 대표작 〈돌아온 탕아〉는 보는 이로 하여금 성스러움을 느끼게 할 뿐만 아니라 치유의 느낌을 받게 한다. 욕망에서 평정으로, 증오에서 화해로, 어둠에서 빛으로 나아가길 염원하는 인간의 마음이 깃든 작품이기 때문이다. 말년에 렘브란트는 자신의 삶 전체를 이 작품에 투사한다. 어쩌면 그는 그림 속 탕아처럼 돌아갈 곳을 찾고 있었던 게 아닐까. 그가 찾던 고향은 어디였을까? 신(神)일 수도, 실제로 나고 자란 고향집일 수도, 혹은 사는 동안 희미해진 본래 마음 자리였을지도 모른다. 한편 이 작품의 배경은 「누가복음(15:11~32)」에 나오는 예수 이야기인데, 흥미롭게도 불교의 『법화경』 「신해품」에도 이와 유사한 이야기가 등장한다. 기원이 다른 두 종교에 흡사한 에피소드가 존재한다는 사실이 놀랍고 신기할 따름이다.

렘브란트 하르먼손 판 레인(Rembrandt Harmenszoon van Rijn, 1606~1669)은 당시 네덜란드 제2의 도시였던 레이던에서 방앗간 집 아홉 명의 형제자매 중 둘째로 태어났다. 아버지는 개신교도였고 어머니는 가톨릭 신자였다. 성서에 관한 렘브란트의 해박하고 수준 높은 이해는 아마도 부모의 영향이었을 것이다.

이른바 17세기 '네덜란드의 황금시대'는 렘브란트에 의해 시작되었다고 해도 과언이 아니다. 1588년 스페인과의 독립전쟁에서 승리한 네덜란드는 문화적·경제적으로 번영을 누리고 있었다. 많은 화가가 암스테르담으로 몰려들었고 훌륭한 예술 작품들이 탄생했다. 그중에서도 단연 렘브란트는 천재적인 재능으로 주목받는데, 〈튈프 박사의 해부학 강의〉로 젊은 나이에 엄청난 명성을 얻는다. 이로 인해 그는 오만하리만치 자신감이 넘쳤다. 사치스러웠고, 수집광이었으며, 낭비벽도 심했다.

렘브란트는 화가로서 전성기를 맞이할 무렵 귀족 사스키아와 결혼한다. 진정으로 그녀를 사랑했던 까닭인지 렘브란트의 초상화에는 사스키아가 자주 등장한다. 하지만 그녀가 서른 살에 결핵으로 사

〈돌아온 탕아〉, 1669

망한 후 렘브란트는 어린 아들 티투스의 보육을 위해 들인 보모 헨드리케와 사랑에 빠진다. 첫 번째 부인 사스키아로부터 재혼하지 않는다는 조건으로 유산을 물려받은 렘브란트였기에 두 사람은 합법적으로 결혼을 할 수 없었다. 또한 금욕적인 분위기가 팽배했던 당시 개신교회가 둘의 관계를 용납하지 않았고 심지어 공식적으로 그를 비난하기까지 했다. 그럼에도 둘 사이의 사랑과 신뢰는 공고했고 헨드리케는 평생 렘브란트의 곁을 지킨다.

나중에 딸이 태어나면서 두 사람은 부부로서 유대를 공고히 하지만, 이미 화가로서 렘브란트의 명성은 바닥을 친 상태였고 사람들 뇌리에서 그의 이름은 사라진 지 오래였다. 엎친 데 덮친 격으로 헨드리케마저 전염병으로 갑작스러운 죽음을 맞이하고 경제적으로도 완전히 파산하기에 이른다. 비참하고 외롭고 초라한 말년을 맞이한 렘브란트는 비로소 지난날 자신의 삶을 돌아보며 참회하는 심정으로 죽는 날까지 작업에 몰두한다.

렘브란트의 수많은 작품을 관통하는 예술 기법은 '테네브리즘'이다. 테네브리즘은 전체적으로 어두운 색채에 강한 명암대조를 통해 빛이 점증적으로 밝아지거나 소멸하는 장면을 묘사하는 기법이다. 마치 연극 무대의 조명처럼 극적 효과를 낸다. 이 기법을 사용한 대표적인 작품으로는 〈야간순찰〉, 〈돌아온 탕아〉, 〈십자가에서 내려지는 그리스도〉, 〈유대인 신부〉 등이 있다.

렘브란트의 두 번째 스승이었던 피터르 라스트만(Peter Lastman, 1583~1633)이 이탈리아에 머물면서 테네브리즘의 창시자 카라바조의

〈십자가에서 내려지는 그리스도〉, 1634

영향을 받았던 점을 고려하면 렘브란트의 능숙함이 이해된다. 렘브란트는 이 기법으로 화가가 무엇을 강조하려고 하는지, 감상자는 어디에 주목해야 할지를 가리킨다.

테네브리즘의 대표적 작품인 〈야간순찰〉은 모든 등장인물이 살아 숨 쉬는 듯 각자 분주한 모습을 생생하게 표현한다. 르네상스 스타일의 정적인 모습에서 탈피한 '렘브란트 바로크'라고 불리는 스타일로 동적이면서 극적인 순간을 놓치지 않는다. 〈튈프 박사의 해부학 강의〉 또한 20대에 그린 그림이라고는 믿기지 않을 정도의 수준을 보여 준다. 시체를 보는 강의 참가자들의 표정을 생생하게 표현한다. 호기심 어린 시선, 생각에 잠긴 얼굴, 외면하는 얼굴, 살짝 두려워하는 얼굴 등 수강생들의 표정 변화를 놀라운 관찰력으로 포착하고 있다.

렘브란트는 자신의 일생을 자화상으로 요약했다고 해도 과언이 아니다. 여느 화가들처럼 양적으로 자화상을 많이 그렸던 게 아니다. 일상의 순간순간을 놓치지 않고 생생하게 표현해 낸 내면 묘사는 작품을 보는 이에게 몰입감을 선사한다. 그만큼 그의 자화상은 누가 봐도 깊이가 느껴지고 차원이 다르다. 평면인데도 부피와 질감이 느껴진다. 일말의 허위나 위선도 용납하지 않는다. 오히려 냉소적일 정도로 있는 그대로를 그려 낸다. 색채를 통해 인간 내면에서 꿈틀대는 욕망과 회한 그리고 평화의 모습을 잘 드러내고 있다.

렘브란트는 〈야간순찰〉의 실패 이후 자화상에 몰두한다. 특히 63세 때 그린 자화상은 세파에 찌든 늙은이 모습을 과감하고 솔직하게 담아낸다. 젊은 시절의 자화상과 대비해 보면 인생의 무상함이 저

〈야간순찰〉, 1642

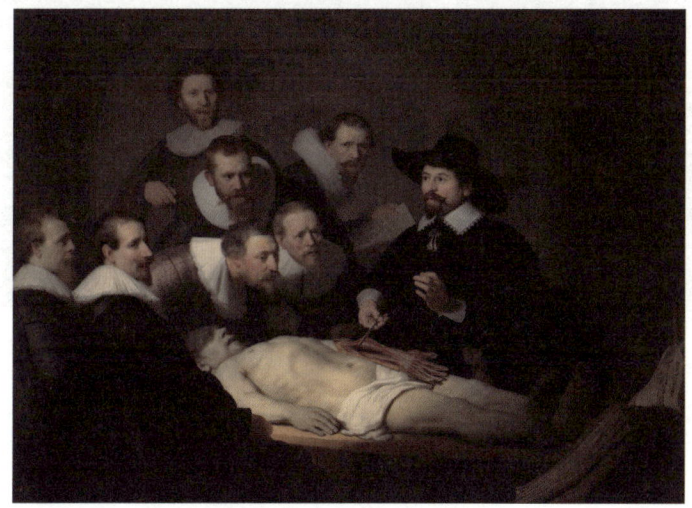

〈튈프 박사의 해부학 강의〉, 1632

〈자화상〉, 1669

절로 느껴진다. 그리고 이 무렵 〈돌아온 탕아〉가 탄생한다. 물론 30년 전에도 같은 주제인 〈탕아〉를 그렸지만, 이전 작품과는 전혀 다른 느낌의 그림이다. 이 시기에 렘브란트는 예술가로서 한층 더 성장한다. 이때부터 남을 풍자하거나 냉소적인 시선으로 세상을 바라보기보다 내면에 천착하고 그 상태를 색채로 옮기는 데 집중한다. 절망과 시련, 가난 속에서 예술의 깊이가 더해 갔다. 비로소 자신만의 예술이 나오기 시작한 것이다. 그는 팔리지 않는 그림일지언정 예술혼을 불태우며 작업을 이어 갔다.

　아들마저 먼저 떠나보낸 〈자화상〉 속 렘브란트의 노년 모습은 많은 생각을 하게 한다. 초라하고 수척한 표정에는 인생의 회한이 묻어난다. 어쩌면 말년 자화상에 드러난 그의 인생 자체가 덧없음을 표현하는 바니타스(Vanitas, 허무함을 뜻하는 라틴어), 혹은 격렬하게 명암이 대비되는 테네브리즘이라 할 수 있다. 우리네 인생도 이와 다르지 않다. 때로는 탐욕과 증오, 어리석음으로 점철된 삶을 살지만 또 어느 순간 그러한 번뇌의 덧없음을 깨닫는다. 렘브란트가 그러했듯이 인생은 누구에게나 방황하는 탕아의 여정일지 모른다.

　마침내 렘브란트는 자신이 있어야 할 본래 자리로 돌아갔다. 모든 욕망과 어리석음을 내려놓고 아버지를 찾아간 탕아처럼 지친 몸과 마음을 추스르고 마음속 본래의 자리로 돌아왔다. 자화상 속 말년의 렘브란트가 우리에게 묻는다.

"진정 당신은, 당신이 있어야 할 곳에 머물고 있나요?"

고통과 행복의 동일성을 본
불이(不二)의 화가

빈센트 반 고흐

Vincent Willem van Gogh

"내 작품이 팔리지 않아도
어쩔 수 없지. 그렇지만
언젠가는 사람들도
내 그림이 거기에 사용한
물감보다, 내 인생보다 더한
가치가 있다는 사실을 알 거야."

'빈센트 반 고흐(Vincent Willem van Gogh, 1853~1890)' 하면 누구나 떠올리는 느낌이 있다. 작품에서 받는 감동의 크기만큼 외롭고 절망적이었던 그의 삶에 대한 연민이다. 한 사람의 삶이 얼마나 장엄할 수 있는지와 얼마나 외롭고 고통스러울 수 있는지가 동시에 떠오른다.

우리는 반 고흐의 그림에서 세상이 품고 있는 진정한 아름다움을 발견하고, 그것과 대비되는 그의 삶에서 인생의 의미를 되묻게 된다. 누구에게나 저만의 삶이 있고 그 삶의 굴곡이 만들어 내는 색상과 명도, 채도의 차이는 천차만별이다. 하지만 될 수 있으면 고통은 피하고 행복과 안락을 추구하려 한다는 점은 매한가지다. 사람들은 어둠이 아닌 밝음만을 받아들이고자 한다. 그러나 의지와 의도와는 무관하게 인생이라는 캔버스에는 행복과 고통이 나란히 자리한다. 그것은 원래 한 뿌리이기 때문이다. 어둠은 밝음에 의지하고 밝음은 어둠이 있기에 비로소 존재한다. 반 고흐의 삶과 작품세계는 그러한 세상의 이치를 보여 주는 분명하고 유명한 예가 아닐까 싶다.

누군가 불교와 가장 닮은 화가가 누구인지 묻는다면 반 고흐라고 답하겠다. 반 고흐가 세상을 바라보는 시선은 마치 수행자와 같다. 그의 삶 자체가 두타행을 실천하는 고행승의 모습과 별반 다르지 않게 느껴진다. 일례로 반 고흐가 동생 테오에게 보낸 편지 중에는 다음과 같은 내용이 있다.

"꾸준히 산책하고 한결같이 자연을 사랑하렴. 그것이
예술을 진정으로 이해할 수 있는 길이란다. 화가는 자

연을 이해하고 사랑하며 보통 사람들이 자연을 더 잘
볼 수 있도록 가르쳐 주는 사람이야. 화가 중에는 좋지
않은 일은 절대 하지 않고 나쁜 일은 결코 할 수 없는
사람이 있어. 평범한 사람 중에도 좋은 일만 하는 사람
이 있듯이 그런 화가들이 있단다."

붓다의 가르침에 담긴 큰 뜻은 복잡한 경전이나 고도의 수행법에 있
지 않다. 단지 마음속에서 나쁜 일을 멀리하고 좋은 일을 가까이하는
데 있다. 세상을 바라보고 예술을 이해하는 반 고흐의 태도 역시 이와
다르지 않다. 이는 불법의 대의를 묻는 시인 백낙천의 질문에 도림 선
사가 들려주었던 답을 연상케 한다.

"모든 악을 짓지 말고 온갖 선을 받들어 행하라. 스스로
그 뜻을 깨끗이 하는 것이 모든 부처님의 가르침이다."

알고 보면 하나도 어려울 게 없다. 지극히 단순하고 소박하다. 하지만
세상 그 무엇보다 해내기 어려운 일이기도 하다.

　살아서는 인정받지 못했지만 훗날 불멸의 위대한 인물로 인구
에 회자되는 사람이 있다. 대표적인 인물이 반 고흐다. 알다시피 반
고흐는 서양 미술사에서 가장 위대한 화가 중 한 명으로 손꼽힌다. 미
술에 관심이 없는 사람이라도 한 번쯤 그의 이름을 들어 보았을 것이
며, 그가 천재 화가이자 인상주의를 대표하는 경이로운 작품을 남기

고 요절한 비운의 화가라는 것 정도는 알고 있을 것이다.

반 고흐는 1853년 네덜란드에서 태어났다. 맏아들이었던 그는 자신이 태어나기 전에 죽은 형의 이름을 물려받은 탓인지 스스로 형을 대신해 살아간다고 느꼈다. 그래서였을까. 반 고흐는 항상 자신의 삶에 죽음의 그림자를 겹쳐 보았다.

정식으로 미술을 전공하거나 훈련받을 기회를 얻지 못했던 반 고흐는 어학교사, 화랑의 점원, 신학 연구생 등을 전전하다가 스물여섯 살이라는 늦은 나이에 그림을 시작한다. 화가 이전의 삶도 녹록지 않았지만 이후의 인생도 순탄하지 못했다. 오죽했으면 동생에게 푸념하듯 이렇게 말했을까. "왜 내 그림은 팔리지 않을까? 어떻게 해야 그림을 팔 수 있을까? 돈을 좀 벌었으면 좋겠다." 그의 절박한 심정이 고스란히 전해진다. 하지만 누가 알았겠는가. 이렇게 좌절과 절망의 늪에서 몸부림치며 그린 그림이 인류 예술사 최고의 가치를 가지게 될 줄을. 반 고흐 자신도 상상하지 못했을 것이다.

비록 탄식뿐인 삶이었지만 반 고흐는 그림에 대한 열정을 잃지 않았다. 또한 가난하고 소외된 이들을 향한 온정의 시선을 거두지 않았다. 〈감자를 먹는 사람들〉을 보면 그가 좌절하기보다 세상의 아름다움을 찾기 위해 얼마나 부단히 노력했는지가 잘 드러난다.

이 작품은 농번기에 호르트라는 농부의 집에 들렀다가 목격한 광경을 묘사한 그림이다. 온종일 고된 농사일을 마치고 식탁에 모여 감자를 나눠 먹는 사람들 모습이 매우 사실적이다. 어둡고 갑갑한 분위기 속에도 희미한 램프 불빛이 있어 서로를 알아보고 음식을 더듬

〈감자를 먹는 사람들〉, 1885

어 줄 수 있다. 잔뜩 흙이 묻은 투박한 손으로 포크를 쥐고, 잔을 집어 들고, 차를 따르는 모습이 따뜻한 위안으로 다가온다. 화면 밖에서 그들을 바라보는 반 고흐의 시선에서는 가난과 고된 일상을 살아가는 호르트 가족을 향한 연민과 간절한 기도의 마음이 배어난다. 어쩌면 반 고흐는 그들 속에서 또 다른 자신을 보았던 게 아니었을까.

반 고흐는 친구 고갱의 권유로 프랑스 남부 지방 아를로 내려간다. 반 고흐의 눈에 비친 아를의 자연은 실로 아름다웠다. 눈부신 빛으로 가득한 자연은 경이로움 자체였다. 그는 아를의 드넓은 평원을 걷고 또 걸으면서 영원과 마주한다. 아침은 아침대로, 태양이 작열하는 오후는 오후대로, 석양이 질 무렵은 어슴푸레한 느낌 그대로 아름다웠다. 자연과 함께 호흡하고 존재하고 생각하고 움직이면서 자연이라는 한 폭의 명화 속을 거닐던 그는 마침내 캔버스를 펼쳤다. 하늘과 땅, 신선한 공기와 태양이 예술적 영감이 되어 소용돌이치는 가운데 홀린 듯 붓질을 이어 갔다. 그렇게 아를이라는 동네에서 〈해바라기〉, 〈밤의 카페 테라스〉를 비롯한 200여 점이 넘는 작품을 완성한다.

반 고흐의 작품 중에서 유독 눈길을 끄는 것은 〈해바라기〉다. 이 그림은 한 공간에 공존하는 꽃과 벌레, 시들고 줄기가 꺾여 바닥에 닿기 직전인 꽃을 사실적으로 묘사하고 있다. 모국인 네덜란드에서 유행한 '바니타스' 정물화의 뉘앙스가 배어 있다고도 볼 수 있지만, 그보다는 반 고흐 내면의 감성이 묻어나는 작품이라고 보는 편이 맞을 듯하다. 삶 속에서 죽음을, 행복 속에서 고통을, 영원 속에서 유한함을 보고 그것들이 서로 다르지 않음을 보았던 불이(不二)의 시선 말이다.

〈해바라기〉, 1889

〈밤의 카페 테라스〉, 1888

〈별이 빛나는 밤〉, 1889

1890년 7월 27일, 반 고흐는 서른일곱 살의 나이로 짧은 생을 마감한다. 널리 알려진 대로, 정말 그가 자살로 생을 마감했는지는 여전히 논쟁 중이다. 다만 숨을 거두기 직전 동생 테오의 품에 안겨 유언처럼 남긴 한마디가 전한다. "이 모든 게 끝났으면 좋겠어." 그렇게 반 고흐의 고통은 끝이 났다.

일체개고(一切皆苦). 붓다는 다시 태어남이 괴로움이고 태어나지 않음이 행복이라고 설했다. 어디 사람뿐이랴. 살아 있는 생명은 태어난 이상 괴로움에서 벗어날 수 없다. 평생 괴로운 느낌은 사라지길 바라고 행복과 평온은 영원하길 바라는 갈애(渴愛)에 사로잡혀 살기 때문이다. 모든 것이 변할 수밖에 없는데도 변하지 않길 바라는 한 고통은 언제나 우리와 함께한다. 반 고흐의 화병에 담긴 싱싱한 해바라기와 시든 해바라기처럼.

살면서 우리는 너무도 쉽게 덫에 빠진다. 사람, 돈, 명예 등 끊임없이 무언가를 욕망하고 집착한다. 그때마다 인생이란 원래 그런 거라고 달관하듯 내뱉지만 그럴수록 뒤로 감춘 고통의 골은 깊어만 간다. 누구보다 뼈저리게 이를 체감하며 살았던 게 반 고흐였다. 그러나 놀랍게도 그는 지독하게 고통스러웠던 세상에 저주가 아닌 수많은 희망과 위안을 선물하고 떠났다. 찬란한 빛으로, 불후의 명작이라는 이름으로.

절규하는 인생,
불안을 직면하는 법

에드바르 뭉크
Edvard Munch

"내 작품은 결국 내 내면의
이야기다. 내 삶의 경험과 고통,
그리고 그 너머의 진실을
표현하기 위한 노력이다."

"무명(無明)이란 무엇인가? 괴로움을 모르고, 괴로움이
일어나는 원인을 모르고, 괴로움의 소멸을 모르고, 괴
로움의 소멸에 이르는 길을 모르는 것이다."

– 『상윳따 니까야』, 「무명경」 중에서

살아가다 보면 누구나 마주하게 되는 순간이 있다. 깊은 밤 갑작스레 찾아오는 알 수 없는 공포, 소중한 사람과의 영원한 작별이 남기는 텅 빈 허무, 혹은 이유를 알 수 없이 삶의 토대가 흔들리는 듯한 불안. 불교는 이러한 고통을 여덟 가지로 나누어 설명한다. 탄생, 노화, 질병, 죽음이라는 육체적 고통과 사랑하는 이와의 이별, 원치 않는 만남, 갈망의 좌절, 존재 자체가 품은 근원적 괴로움이 그것이다.

이는 인간이라는 조건에 내재한 피할 수 없는 현실이다. 대다수는 이런 아픔으로부터 도망치려 한다. 쾌락을 좇고, 물질적 성취를 쌓으며, 찰나의 위안으로 애써 그 불안을 가리려 한다. 하지만 고뇌는 삶의 문턱에서 집요하게 우리를 기다리다가 마침내 그 모습을 드러낸다. 불교의 가르침은 바로 이 지점에서 출발한다. 고뇌를 외면하지 않고 똑바로 응시하며, 그 속에서 진정한 해방의 실마리를 찾아가는 것이다.

이러한 직면의 자세를 예술로 구현한 이가 있다. 살아 있는 모든 것의 위태로움과 죽음의 그늘, 상실의 아픔을 화폭에 고스란히 옮긴 화가. 수행자가 자신의 어둠을 들여다보듯 인간 조건의 진실을 정면으로 마주한 예술가 에드바르 뭉크(Edvard Munch, 1863~1944)다.

뭉크의 작품 앞에 서면 불교가 말하는 고통이 단순한 교리가 아닌 우리 삶의 본질임을 깨닫게 된다. 그에게 예술은 외부 세계를 모방하는 기술이 아니었다. 그것은 영혼 깊은 곳의 상처와 동요를 선명하게 드러내는 탐구의 방법이자, 존재의 핵심을 파악하기 위한 성찰의 도구였다. 뭉크의 화폭은 내면의 소용돌이를 여과 없이 표출하면서도 그 격랑의 뿌리가 결국 집착과 몰이해에서 기인함을 은연중에 시사한다.

불교는 불안의 근원을 무상과 고통, 무아의 이치를 깨닫지 못한 어리석음에서 찾는다. 변하지 않는 것은 없고, 우리가 붙들고 있는 모든 것이 언젠가는 사라진다는 사실을 수용하지 못할 때 두려움이 싹튼다. 뭉크는 이런 인간 실존의 핵심적 진리를 시각적 언어로 포착했다. 평생에 걸친 뭉크의 고난은 작품을 통해 반복적으로 재현된다. 어린 시절 가족들의 잇따른 죽음을 보며, 그는 삶이 근본적으로 무상하고 모든 것이 소멸할 수밖에 없다는 사실을 뼈저리게 체험했다. 그러나 그는 아픔으로부터 도피하지 않았다. 오히려 그것을 품에 안고, 붓을 통해 자신의 심연으로 내려가 불안과 고통의 정체를 응시했다.

1863년 노르웨이 뢰텐에서 태어난 에드바르 뭉크의 삶은 유년 시절부터 불안과 상실로 얼룩졌다. 다섯 살이 되던 해 폐결핵으로 어머니가 숨을 거두고, 몇 년 뒤에는 가장 아끼던 누나 소피마저 같은 병마에 쓰러진다. 어린 시절 거듭된 죽음의 체험은 그의 영혼에 지울 수 없는 흔적을 남기고, 이 원초적 트라우마는 평생의 창작 활동을 관통하는 핵심 주제가 된다. 성년이 된 뭉크는 크리스티아니아(현재의 오

〈뱀파이어〉, 1895

〈마돈나〉, 1894~1895

슬로) 왕립 미술학교에 입학하지만, 학문적인 화법과 객관적 재현에 중점을 둔 교육 방식에 깊은 회의를 느낀다. 그가 추구한 것은 외형의 모사가 아닌, 대상과 마주했을 때 솟구치는 감정의 본질이었기 때문이다.

1889년 뭉크는 파리로 향한다. 당시는 인상주의와 후기 인상주의가 주목을 받던 시기다. 그는 레옹 보나(Léon Bonnat, 1833~1922)의 화실에서 수학하며 고갱과 반 고흐, 로트렉 등 혁신적인 화가들의 작품을 접한다. 파리에서의 경험은 그의 예술관을 근본적으로 변화시킨다. 자연의 외형적 재현에서 벗어나 감정과 심리 상태를 색과 형태로 직접 표현하는 길을 발견한다. 1890년대 들어 뭉크는 독일 베를린으로 거처를 옮겨 동시대 전위예술가들과 활발히 교류하며 주관적이고 표현주의적인 화풍을 심화한다. 이 시기 탄생한 〈절규〉는 실존의 근본적 공포와 불안을 적나라하게 형상화한 걸작으로 평가받는다. 또한 같은 시기에 제작된 〈마돈나〉와 〈뱀파이어〉 등의 작품은 인간 정신의 가장 원초적이고 격렬한 충동을 보여 준다.

뭉크는 이들 작품을 통해 사랑의 황홀경만이 아닌, 그 이면에 도사린 파괴와 고뇌를 직시한다. 창작을 통해 자신의 상처를 보듬으며 영혼의 안정을 모색한다. 노년에 접어들어 그는 유럽의 문화 중심지를 떠나 고국 노르웨이로 귀환한다. 오슬로 외곽의 한적한 거처에 은거하며 오직 작업에만 전념한다. 이 시절 그린 작품들은 이전과 같은 고독의 정서를 담고 있으나, 폭발적이었던 과거와 달리 침잠되고 성찰적인 분위기로 변모한다. 화면 속 인물들의 고립은 더 이상 절규하지 않고 조용히 수용된다. 마지막 순간까지 뭉크는 자기 자신과의 대화를 멈추지 않았다. 붓을 통한 끊임없는 내적 탐구로 자기 존재의 의미를 추적해 나갔다. 그리고 1944년 오슬로 인근 자택에서 고요히 생을 마감한다.

불타는 석양이 하늘을 뒤덮는다. 주홍빛과 황금빛이 뒤엉켜 출렁이고, 그 아래로 짙푸른 물결이 무겁게 출렁인다. 나무 널빤지로 만든 다리 위, 홀로 선 형체가 양손으로 얼굴을 움켜쥔 채 비명을 지른다. 움푹 꺼진 눈, 동그랗게 벌어진 입, 뼈만 남은 듯 메마른 얼굴. 인간이라기보다 공포가 육화된 모습이다. 뭉크의 작품 〈절규〉는 이렇게 관람자를 불안의 중심부로 끌어들인다. 붓질은 난폭하게 휘몰아치고 색채는 서로 뒤엉켜 경계를 잃는다. 곧게 뻗은 다리 난간만이 유일한 질서를 유지하지만, 급격히 좁아지는 투시도법이 오히려 시선을 화면 안쪽으로 빨아들인다.

등 뒤로 태연히 걸어가는 두 그림자, 그들의 무관심이 전면 인물의 고립을 한층 부각한다. 절규하는 존재의 육체는 더욱 기묘하다. 어두운 의복에 싸인 몸은 바람에 나부끼듯 일렁이고 손은 무너질 듯한 머리를 지탱한다. 소리를 차단하려는 것인지, 흩어질 듯한 정신을 붙들려는 것인지 알 수 없다. 생기 없는 얼굴은 죽음을 암시하면서도 신생아처럼 무력해 보인다. 이런 대조적 형상은 생명과 소멸이 동시에 깃든 인간의 모순을 포착한다.

뭉크는 당시를 이렇게 기록했다. "극도의 피로가 나를 짓눌렀다. 동행들은 저만치 앞서갔고 나는 홀로 남겨졌다. 문득 노을이 피로 물

〈절규〉, 1893

〈불안〉, 1894

든 듯했고, 온 세계를 가로지르는 무한한 울부짖음을 감지했다." 그는 이 체험을 다양한 방식으로 되풀이했다. 유채, 분필화, 판화, 혼합 기법 등 형식은 바뀌어도 절실함은 한결같았다. 비명은 밖으로 분출되면서 동시에 내면을 파고든다. 그렇기에 이 작품과 마주한 우리도 화면 속 존재와 함께 소리 없는 절규에 동참하게 된다.

인간의 고독과 불안에 대한 뭉크의 응시는 여기에 그치지 않고 작품 〈불안〉을 통해 확장된다. 황혼의 불길이 대기를 삼킨다. 어두운 복장의 무리가 목조 다리를 가로지른다. 모두의 안색은 회백색이고 동공은 텅 비었으며, 한 방향으로 움직이면서도 아무도 곁을 돌아보지 않는다. 맨 앞의 한 부인이 화면 밖을 바라본다. 그 눈빛에는 설명할 길 없는 공포가 서려 있다. 작품 〈절규〉의 다리가 배경으로 다시 등장하지만, 이번에는 고독한 개인이 아닌 집단이 등장한다. 역설적으로 여럿이 함께이기에 각자의 고립이 더욱 선명하다.

위쪽 화면을 가득 채운 주홍과 황금의 파도는 여전히 격렬한데 아래쪽 사람들은 무표정하다. 까만 형체들이 줄지어 선 모습은 애도의 행진을 떠올리게 한다. 움직임은 경직되고 얼굴은 무표정하며 눈길은 막연하다. 앞쪽 부인의 모습이 유독 강렬하다. 커다란 모자 그늘에 노출된 피부는 석고처럼 하얗고 동그랗게 뜬 두 눈은 경련하듯 떨린다. 오직 그녀만이 감상자와 눈을 맞추는데, 그 응시에는 구원을 갈구하는 듯한 다급함이 배어 있다. 그러나 곁의 사람들은 그녀의 절망을 감지하지 못한다. 저마다의 어둠에 잠겨 있기 때문이다. 대조적으로 사람들의 묘사는 단조롭고 납작해서 활기를 상실한 허깨비 같다.

이러한 표현의 차이는 격동하는 내면과 경직된 겉모습 사이의 균열을 날카롭게 드러낸다.

뭉크에게 죽음의 예감보다 더 깊은 불안이 있었을까. 뭉크는 어린 시절의 트라우마를 〈병든 아이〉에 담아내며 자신의 아픔과 대면한다. 소녀의 반쯤 감긴 눈은 서서히 닫혀 가지만, 아직 삶을 완전히 놓아 버리지는 못했다. 이승과 저승의 경계에서 머뭇거리며 떠돈다. 희미하게 벌어진 입가로 숨결이 빠져나가는지, 혹은 전하지 못한 말이 맴도는지 알 수 없다. 옆으로 기운 얼굴에는 체념과 평온함이 엇갈린다. 어둠 속 여인의 몸짓이 애잔하다. 소녀의 여린 손을 양손으로 감싸 쥐고 고개를 깊숙이 수그렸다. 표정은 드러나지 않지만 굽은 등과 경련하듯 움켜쥔 손에서 비통함이 흘러나온다. 소녀의 창백함과 여인의 어두운 색조가 대비를 이루며, 떠나보내는 이와 남겨질 이의 거리를 시각화한다.

이는 뭉크가 열다섯 살 때 폐병으로 세상을 떠난 누나 소피의 마지막 모습을 재현한 것이다. 화면의 질감은 거칠게 손상돼 있다. 물감이 겹겹이 올라가고 깎이고 다시 발라졌다. 파인 골, 긁힌 자국, 중첩된 붓 터치가 날것으로 남아 있다. 뭉크는 1년 넘게 이 화면과 씨름하며 지우고 다시 그리기를 되풀이했다. 어쩌면 이것은 죽어 가는 이의 기록이 아니라 살아남은 이의 슬픔을 담은 것일지도 모른다. 작품은 사랑하는 존재와의 이별이 주는 아픔을 적나라하게 보여 준다.

같은 장면을 거듭 재현하는 뭉크의 작업은 단순한 추억의 재생이 아니다. 그것은 생과 사의 경계가 분명하지 않고 순환한다는 통찰의 과정이다. 모든 것의 덧없음 속에서 우리는 소중한 것들을 언젠가는 상실한다는 숙명을 외면하고 싶어 하지만, 이 그림은 그 아픔을 직면하고 받아들이는 길을 제시한다. 뭉크가 되풀이한 이 광경은 애정과 부재, 존재와 소멸이 결국 하나로 이어져 있음을 보여 주며, 그 안에서 진정한 화해와 안식을 찾을 수 있음을 일깨운다.

〈병든 아이〉, 1886

존재 자체가 고통이었던 삶,
예술로 다시 서다

툴루즈 로트렉

Henri Marie Raymond de Toulouse-Lautrec Monfa

"언제 어디서나 추함은
아름다움 역시 가지고 있다.
누구도 알아채지 못한 곳에서
그런 아름다움을 발견하는 것은
무척 떨리는 일이다."

여기 한 남자가 있다. 홀로 앉아 재빠른 손놀림으로 무희들의 춤 동작을 잡아낸다. 그의 조그마한 손에 쥐어진 데생 목탄이 덩달아 같이 춤추는 듯하다. 이따금 독한 압생트 한 잔을 들이켜지만 눈은 여전히 무희들의 몸짓을 좇는다. 크고 반짝이는 눈동자에 역동적인 눈앞의 광경이 생생하게 비친다. 지금 그에게는 두 가지 움직임이 전부다. 그림을 그리거나 아니면 잔을 들어 술을 마시는 것.

밤새 술 마시고 그림 그리다 새벽녘이 되어서야 무도회장을 나선다. 안개가 자욱하게 내려앉은 파리, 작은 키에 왜소한 체구의 남자는 지팡이를 짚고 뒤뚱거리며 힘겹게 몽마르트르 언덕길을 오른다. 남자의 이름은 앙리 마리 레이몽 드 툴루즈-로트렉 몽파(Henri Marie Raymond de Toulouse-Lautrec Monfa, 1864~1901). 이름에서부터 귀족 느낌이 물씬 풍긴다. 비록 명문 귀족이지만 그의 부모는 사촌지간이었고, 로트렉은 근친혼이라는 가문의 굴레를 숙명처럼 짊어지게 되었다. 그로 인해 생긴 희소병 농축이골증(뼈가 쉽게 부러지고 성장이 멈추는 병으로 훗날 '로트렉 증후군'으로 불림)이 가져온 병약함은 온전히 그의 몫이었다.

로트렉은 어려서부터 자주 병마에 시달렸다. 특히 뼈가 쉽게 부러지곤 했는데, 14세에 낙상을 당해 허벅지 뼈가 성장을 멈췄다. 그래서 항상 사람들을 올려다보아야 했다. 당시 귀족 남자들이라면 당연하게 즐기던 승마나 사냥 같은 거친 운동은 발을 디딜 수조차 없는 영역이었다. 평생을 불편한 몸으로 지팡이 하나에 의지한 채 살아간 로트렉. 그러나 가문의 천형과도 같은 지병은 오히려 그의 예술적 감성을 날카롭게 일깨웠다. 훗날 그는 만약 다리가 조금만 더 길었더라면 그림 따위는 그리지 않았을 거라고 고백했다. 진심이었다. 다리에 문제가 없었다면 아마도 그는 화려한 연회장에서 귀부인들과 춤을 즐기고 낭만적인 연애에 빠져 살았을지 모른다. 그러나 그것은 그림 같은 꿈이었다.

프랑스 귀족이라는 자부심과 선천적 장애에서 오는 열등감이 한데 엉켜 로트렉을 더욱 깊은 절망 속으로 밀어 넣었다. 아버지에게 서조차 무시와 경멸을 받게 된 그는 결국 절망과 모멸감 속에서 쫓겨나듯 대저택을 빠져나와 몽마르트르 언덕으로 향한다. 로트렉에게 삶은 존재 자체로 고통이었다. 그런 그가 동그란 안경테 뒤로 반짝이는 눈빛을 건네며 우리에게 말을 걸어온다. 예술은 어디에 있을까? 그림은 아름다워야 하는가? 어째서 삶은 이리도 비루한가? 그런데도 과연 살 만한 가치가 있는가?

1889년 만국박람회가 열리던 해, 말도 많고 탈도 많던 에펠탑이 파리 한복판에 세워졌다. 같은 해 물랭 루주(Moulin Rouge)라는 술집도 문을 열었다. 전쟁은 지나간 추억이 됐다. 경제는 잘 돌아갔고 사람들 사이에는 활기찬 에너지가 흘러넘쳤다. 아름다운 시절, 말 그대로 벨에포크(Belle Epoque)였다. 몽마르트르 언덕의 밤을 환하게 비추는 물랭 루주는 새롭고 신기한 즐길 거리를 찾아 나선 사람들에게 매혹적인 장소였다. 예술가·화가·문인 등 다양한 사람들을 만날 수 있는 곳, 새로운 에너지가 가득 찬 곳. 로트렉 역시 물랭 루주에 빠져들었다.

당시 물랭 루주는 사교계 명사나 예술가만 드나드는 고급 살롱같은 근사한 모습이 아니었다. 온갖 주정꾼과 부랑자, 건달, 몸을 파

〈물랭 루즈에서〉, 1892~1895

〈물랭 루즈에서, 댄스〉, 1890

는 여인, 도박꾼으로 뒤섞인 난장판과 같았다. 한마디로 다들 정상이 아니었다. 그곳에서 로트렉은 밑바닥 인생들의 다양한 군상을 관찰하고, 나아가 그들 무리 속 한 사람이 되어 그림을 그려 나갔다. 사람들은 자신이 작품의 피사체가 되는 데 어떠한 거부감이나 거리낌도 드러내지 않았다. 오히려 일상의 내밀한 부분까지 가감 없이 내보였다. 로트렉이 그들을 작화 대상으로 대한 것이 아니라 그들의 일부가 되었기에 가능했던 일이었다.

로트렉의 작품에 묘사된 사람들에게는 저속함과 우아함, 절망과 희망이 공존한다. 자신감 넘치는 자태로 치마를 들어 올려 빨간색 타이츠를 뽐내며 춤추는 라 굴뤼, 로트렉이 진심으로 사랑했던 매력적인 무희 잔 아브릴, 긴 장갑이 아니었다면 누구인지조차 알 수 없을 만큼 얼굴을 과감히 뭉개거나 희화화한 인기 가수 이베트 길베르. 로트렉은 억지로 이들의 아름다움을 부각하려 애쓰지 않았다. 그저 마음에 새겨지는 대로 그렸다. 겉으로 드러난 아름다움에 주목하기보다 자신이 사랑한 이들의 내면을 응시한 것이다. 이를 통해 누구에게나 아름다움과 추함이 함께 깃들어 있음을 보여 준다.

로트렉은 물랭 루주의 밝게 빛나는 가스등에만 주목하지 않았다. 화려한 춤사위 너머로 감춰진 하층 인생의 쓸쓸함에도 눈길을 던졌다. 그는 고통 속에 살아가는 인간을 따뜻한 시선으로 바라보면서 그들의 상처와 치부를 드러내고 안아 주고 어루만진다. 어쩌면 그들에게서 자기 자신을 보았는지도 모른다. 특히 시선을 끄는 건 그가 만난 여인들의 뒷모습이다. 〈몸단장〉, 〈세탁부〉는 고된 노동에 지쳐 피로에 찌든 모습을 있는 그대로 묘사한다. 하지만 아름답다. 이는 관능적이어서도 아니고 색채가 아름다워서도 아니다.

로트렉은 〈세탁부〉에서 한때 자신이 사랑했던 수잔 발라동의 아름다움을 자신만의 시선으로 묘사한다. 삶의 무게에 짓눌려 구부러진 허리, 낡은 다림판을 잡은 채 위태롭게 버티는 손, 그러나 앙다문 입술과 턱선에서는 강인함이 뿜어져 나온다. 머리칼로 가려진 그녀의 두 눈동자가 어떨지 쉽게 상상이 간다. 온종일 그런 모습일 리는 없지만, 로트렉은 강렬한 한순간을 놓치지 않았다. 이 한순간을 통해 인물의 내면과 고된 하루의 맥락을 고스란히 드러냈다. 그러면서도 삶의 고통을 과장하지 않는다.

천재는 천재를 알아본다고 했던가. 로트렉의 삶은 스승이자 친구였던 반 고흐의 삶과 묘하게 닮았다. 두 사람은 물랭 루주에서 압생트를 나눠 마시며 함께 전시회를 기획할 만큼 친한 사이였으나, 아쉽게도 고흐의 자살로 이뤄지지 않았다. 우연의 일치인지 로트렉도 고흐와 같은 37세(1901)를 일기로 세상을 떠난다. 알코올 중독으로 몸과 마음이 망가진 지 이미 오래였다. 끝까지 곁을 지키며 자신을 돌봐 주었던 어머니 품에 안긴 채 요양병원에서 한 많은 짧은 생을 마감했다. 숨을 거두기 직전 그는 이렇게 말했다. "어머니, 당신밖에 없군요. 죽는 건 너무 괴로워요." 이보다 더 슬프고 가슴 아픈 마지막 말이 또 있을까.

로트렉은 평생 세상의 조롱과 무시 속에서 외롭게 고통받으며 살았다. 오직 운명에 대한 깊은 원망과 분노를 승화시킨 예술만이 삶

〈몸단장〉, 1889

〈세탁부〉, 1886

의 동반자였다. 그에게 그림은 상처투성이인 삶을 영원하게 만들어 주는 유일한 위로이자 위안이었다.

갈수록 세상은 편리하고 쾌적하고 화려해지지만, 어쩐지 마음은 공허하고 쉽게 우울감에 젖어 든다. 오늘을 살아가는 우리의 자화상이다. 겉으로는 멀쩡해 보이지만, 각자 나름의 아픔과 뒤틀린 감정에 짓눌려 밤새 뒤척이며 신음한다. 위안을 얻기는커녕 터놓고 얘기하기조차 힘들다. 그래서일까. 누군가는 압생트에 의지한 로트렉처럼 술에 중독되거나 온갖 쾌락을 탐닉하며 잠시나마 현실에서 벗어나고자 발버둥 친다. 그러나 찰나의 행복과 만족은 금세 공허함으로 이어진다. 지나치면 고통으로 이어진다.

어쩌면 이때가 바로 예술이 우리를 위로하는 순간일 수 있다. 살다 보면 〈세탁부〉의 수잔 발라동처럼 멍하니 창밖을 바라보며 '언제까지 이러고 살아야 하나?' 하고 깊은 한숨을 내뱉을 때가 있다. 그때 누군가 슬며시 다가와 어깨를 톡톡 두드리며 속삭일지 모른다. '너무 속상해하지 마세요. 산다는 건 원래 슬픈 거랍니다. 나도 그래요. 그러니 살아가세요. 어떻게든 살아 내세요.' 그는 로트렉일 수도 있고, 수잔 발라동일 수도 있고, 혹은 이름 없는 예술가가 남긴 무명의 작품일 수도 있다.

눈보라가 몰아치는 겨울밤. 가야산의 매서운 칼바람에 실려 오는 산짐승의 울음소리가 안쓰럽고 처량하게 느껴진다. 이 겨울을 견뎌 내야 하리라. 이 어둠을 이겨 내야 하리라. 친구여, 사랑하는 이여, 어떻게든 살아 내자. 아름답고 강인하게!

사랑과 욕망,
삶과 죽음의 불안을 건너다

구스타프 클림트
Gustav Klimt

"사랑이 쓰린 고통임은
분명하지만, 사랑하지
않는 것 또한 고통이다."

깊은 산중, 이름 없는 암자에 노스님과 동자승이 살고 있었다. 어느 날 노스님은 주장자를 짚고 경내를 포행하다가 도량 바닥에 웅크리고 앉아 나뭇가지로 그림을 그리며 놀고 있는 동자승을 발견한다. 노스님은 동자승 곁으로 다가가 그 주위로 동그라미를 그린다. 그러고는 동자승에게 말한다. "네가 동그라미 안에 머물러 있어도 30대를 때릴 것이요, 동그라미 밖으로 나와도 30대를 때릴 것이다. 자, 어떻게 할 것인고?" 동자승은 잠시 골똘히 생각하더니 천천히 자리에서 일어선다. 그리고 아무 말 없이 한쪽 발로 동그라미를 슥슥 지운다. 동자승을 에워쌌던 선은 사라져 버렸다. 동자승은 동그라미 안에도 밖에도 존재하지 않게 되었다.

산다는 건 어딘가에 속한다는 의미이다. 우리는 내가 서 있는 곳이 어디인지, 무엇을 좋아하고 싫어하는지 또 그 기준이 무엇인지 끊임없이 분별한다. 하지만 세상사가 어디 그렇게 자를 대고 선을 긋듯 반듯하게 나뉘고 두부처럼 쉽게 잘리는가. 살면서 우리는 모호하고 흐린 경계 위에서 위태롭게 발 딛고 서 있는 경우가 대부분이다. 이러한 인생의 진리를 그림으로 보여 준 화가가 있다. 삶의 다양한 경계를 응시하면서 그것의 본질을 되물었던 예술가, 구스타프 클림트(Gustav Klimt, 1862~1918)다.

사진 속 클림트는 고대 그리스인들이 입었음 직한 헐렁한 가운을 입은 채 부스스한 머리칼, 날카로운 눈빛과 고집 세 보이는 입 모양을 하고 있다. 이와 대조적으로 고양이를 안고서 환하게 미소 짓고 있는 모습, 아터 호수에서 사랑하는 연인과 뱃놀이를 즐기는 모습이 담긴 사진도 남아 있다. 이런 몇 장의 사진을 제외하면 그의 생각을 짐작할 수 있는 단서는 거의 없다. 흔한 인터뷰 기사도 없다시피 하고, 그나마 있던 편지도 연인 에밀리에 의해 소각되었다. 단지 몇 통의 엽서만이 남아 있을 뿐이다. 다른 유명 화가들처럼 자화상을 남기지도 않았다(장난스레 자신을 수탉으로 묘사한 캐리커처가 남아 있긴 하다).

생전 클림트는 자신에 대해 궁금한 게 있으면 작품을 보라고 말할 만큼 삶의 흔적을 드러내지 않았다. 심지어 작품에 대한 구체적인 해설조차 남기지 않았다. 그 덕에 클림트의 작품은 자유로운 상상과 해석의 가능성이 활짝 열려 있다. 마치 선불교 전통에서 스승이 제자를 위해 공안집을 태워 버리듯 과도한 해설을 배제함으로써 작품에 대한 이해를 오롯이 보는 이의 몫으로 남겨 놓았다.

클림트는 이전에도 없었고 이후에도 없을 독특한 스타일을 추구한 천재 화가로 불린다. 오스트리아에서 태어난 그는 유럽 전역에서 다양한 예술적 시도가 일어나던 시기, 19세기 말에서 20세기에 걸쳐 활동했다. 합스부르크 제국의 몰락과 새로운 시대로의 변화 한복판에 서 있던 그를 이해하려면, 우선 오스트리아의 수도 빈(Wien)에 관해 이야기하지 않을 수 없다.

나는 11년 전 빈 대학에서 열린 세계불교학회(IABS)에 참석하기 위해 처음 오스트리아에 갔는데, 그때만 해도 클림트에 대해 무지했다. 아는 거라곤 〈키스〉를 그린 화가라는 정도였다. 그런데 빈에서 2주가량 머무는 동안 이 도시가 클림트로 시작해서 클림트로 끝나는 곳임을 알 수 있었다. 빈 도심지를 원형으로 감싸는 도로인 링슈트라

구스타프 클림트

클림트와 연인 에밀리

세(Ringstrassen)를 따라 빈 대학, 부르크 극장, 빈 미술사 박물관, 레오폴드 미술관, 벨베데레 미술관, 제체시온(분리파 전시관), 빈 응용미술관 등 어느 곳에서든 그의 작품을 감상할 수 있었다. 전부 그와 연관된 에피소드를 품은 장소들이었다. 한마디로 빈은 클림트의 도시라고 해도 과언이 아닐 정도였다.

물론 빈을 빛나게 한 인물이 클림트만은 아니다. '2,000년에 걸쳐 국가를 초월한 수도'라는 수식어가 있을 만큼 빈은 역사상 수많은 예술가와 지성인을 배출한 도시다. 지그문트 프로이트, 모차르트와 베토벤, 아돌프 로스, 오토 바그너 등 누구나 이름만 들어도 알 법한 인물들이 빈을 거쳐 갔다. 이렇듯 유구한 역사를 간직한 도시에서, 클림트는 기존 아카데미풍의 미술을 거부하고 독립적이고 자유로운 활동을 추구하는 '빈 분리파'를 결성했다. 다시 말해 그는 빈이라는 물리적 공간의 전통과 혁신의 경계에 서 있던 인물이다. 비유하자면 클림트에게 링슈트라세는 동자승을 에워싼 동그라미와 같다.

클림트 하면 가장 먼저 떠오르는 작품이 〈키스〉일 것이다. 많은 사람이 오스트리아 빈을 찾는 이유이기도 하다. 벨베데레 미술관에 소장된 이 작품을 보기 위해 연간 100만 명이 넘는 관람객이 몰린다. 남녀가 서로를 끌어안은 채 키스를 나누는 장면을 묘사한 이 그림은 한눈에 봐도 화려하고 아름답다. 클림트 특유의 열정에 금빛이 더해져 엄청난 아우라를 뿜어낸다. 클림트가 본격적으로 금을 이용해 작품 활동을 벌인, 이른바 '황금시대'의 결정판이라고 할 수 있는 작품이다. 이 무렵 그는 〈아델레 블로흐-바우어의 초상〉을 비롯해 〈베토

〈키스〉, 1908

벤 프리즈〉, 〈유디트〉, 〈물뱀〉 등을 완성한다.

〈키스〉에 등장하는 여인의 표정만으로는 작품에 담긴 메시지가 사랑인지 욕망인지 섣불리 짐작하기 어렵다. 다만 절벽 위에 피어난 꽃들과 황금색 꽃비를 고려하면 클림트가 최고의 순간을 표현하려 한 것만은 분명해 보인다. 누구나 이 그림을 보면 잠시 멍하거나 숨이 멎을 듯한 경험을 하게 된다. 단지 성적 관능미나 금빛 장식이 압도적인 황홀감을 주어서가 아니다. 그림 속 연인의 입맞춤, 그 찰나의 순간이 만들어 내는 묘한 긴장감 때문이다.

남자의 품에 안긴 여인은 발목을 낭떠러지에 걸치고 있다. 발끝으로 경사면을 더듬으면서 위태롭게 버티고 있다. 한 발짝만 더 나아가면 욕망의 나락으로 떨어질 수도 있지만, 할 수 있다면 조금이라도 더 이 순간을 온전히 느끼려는 애절함이 느껴진다. 사랑과 욕망 사이에서 아슬아슬하게 서 있는 듯하다. 아름다움과 행복 속에 공존하는 위태로움, 사랑의 환희와 욕망의 불안이 팽팽하게 줄다리기를 한다.

클림트는 사랑과 욕망 사이의 긴장과 불안을 읽어 낸다. 기쁘지만 마냥 행복할 수만은 없는, 지금 이 순간이 주는 삶의 불안과 기쁨을 모두 놓치지 않는다. 이 순간 연인에게 삶은 어떤 의미일까. 클림트가 말하고 싶어 하는 것은 사랑일까, 욕망일까. 어쩌면 이미 그에게는 두 가지를 구분하는 경계가 존재하지 않는지도 모른다. 숭고한 사랑과 관능적인 욕망 사이를 외줄타기하듯 절묘하게 오가다 마침내 외줄마저 끊어 버린 듯하다. 이제 더는 사랑과 욕망이 따로 있지 않다. 클림트는 인간 내면의 무의식적 욕망을 그림으로 표현하면서도 그 시선을 욕망으로 구획하지 않는다. 〈키스〉에서처럼 사랑과 욕망은 애초에 한 뿌리임을 그대로 보여 준다.

상반된 개념을 아우르는 클림트의 천재성은 〈죽음과 삶〉에서도 확인할 수 있다. 클림트는 이 작품을 통해 '죽음과 삶의 경계가 어디인가'라는 물음에 답한다. 작품 오른쪽에는 남녀노소 인간들이 빈틈없이 서로를 부둥켜안고 있다. 각자의 희로애락 속에서 나름의 감정에 빠져 있다. 전체 구도는 큰 아치를 그리면서 원형으로 회전하는 모양새다. 모두 눈을 감은 채 단잠에 빠져 있다. 왼쪽에는 저승사자 같은 해골이 몽둥이를 움켜쥐고 서 있다. 해골은 퀭한 두 눈으로 '누구를 데려갈까' 하며 사람들을 주시하고 있다. 마치 이죽거리며 아무 생각 없이 단잠에 빠진 인간들을 비웃는 듯하다.

흥미로운 건 해골이 동양적인 저승사자의 시커먼 의상과는 사뭇 다른 옷을 입고 있다는 점이다. 해골은 청록색과 보랏빛이 감도는 가운을 걸치고 있다. 몽둥이는 인간계를 장식하는 대표적인 꽃 색인 붉은색 계열이다. 죽음, 끝, 이승과는 다른 저승을 상징하는 무채색이 아닌 나름의 색감을 가짐으로써 해골은 자신이 별다른 세계의 존재가 아님을 은연중에 암시한다. 나아가 돌고 도는 인간의 삶, 옆에서 이를 지켜보는 해골의 모습은 죽음 앞에서 선형적인 시간의 흐름이 무의미함을 나타낸다. 인간은 늙어야만 죽는 게 아니라, 시간과 나이를 불문하고 누구든 죽음 앞에 예외일 수 없다는 진리를 잘 드러낸다.

이 그림을 내놓은 지 2년 뒤에 클림트는 세상을 떠난다. 얼마 남지 않은 자신의 삶을 예견이라도 했던 걸까. 만년의 클림트는 죽음과

〈죽음과 삶〉, 1915

삶을 극단적으로 대비하면서 동시에 하나의 장으로 묘사한다. 보통 사람에게 죽음과 삶이 분리된 경계라면 클림트의 눈에 비친 그것은 둘이 아닌 하나였다. 이에 착안해 보면, 그의 작품에 등장하는 여인들의 관능적인 몸짓이 왜 항상 옆으로 밀려나 있는지 짐작이 간다.

2,600여 년 전 붓다는 삶과 죽음의 경계가 어디인지를 묻는 제자의 질문에 '한 호흡 사이'라고 답했다. 클림트의 작품세계는 붓다의 말과 자연스럽게 겹쳐진다. 들이마신 숨이 나오지 않으면 그게 바로 죽음이다. 죽음은 저 멀리 있지 않다. 늘 삶 속에 있다. 죽음의 공포와 삶의 기쁨은 서로를 밀어내는 듯 보이지만 알고 보면 두 손을 맞잡은 채 서로를 의지하고 있다. 어쩌면 클림트는 그림을 통해 삶과 죽음의 경계선을 의도적으로 지워 버림으로써 죽음의 공포를 뛰어넘으려 했는지 모른다. 나아가 노스님이 던진 문제를 단박에 해소(解消)해 버린 동자승처럼, 무지한 사람들이 그어 놓은 세상의 모든 모호한 경계를 일소하려 했던 게 아니었을까.

'메멘토 모리(Memento mori, 죽음을 기억하라)', '카르페 디엠(Carpe diem, 현재를 즐겨라)' 사이에서 우리는 삶을 어떻게 바라볼 것인가? 클림트는 죽음을 부각해 삶의 생기를 잃어버리게 만들지도, 반대로 욕망만을 추구함으로써 죽음을 외면하게 만들지도 않는다. 클림트가 묻는다.

"당신에게 삶은 어떤 의미인가?"

사랑·죽음·육체의
나약함과 존재의 그늘

에곤 실레
Egon Leo Adolf Ludwig Schiele

"나는 그림을 통해
인간의 내면을 솔직하게
드러내고 싶다."

붓다가 제자에게 물었다. "사람 목숨이 얼마 사이에 있는가?" 제자가 "며칠 사이에 있습니다"라고 답하자, 붓다는 "너는 아직 도(道)를 모르는구나"라고 말한다. 이어서 다른 제자에게도 같은 질문을 하는데 "밥 먹을 사이에 있습니다"라는 답을 듣고는 "너도 아직 도를 모르는구나"라고 말한다. 그러다가 다른 제자가 답하기를 "한 호흡 사이에 있습니다"라고 말하자 "훌륭하도다. 너야말로 도를 아는구나"라고 하며 기뻐했다. 『사십이장경』 제38장에 나오는 이 문답은 우리가 견고하고 영원할 것이라고 믿는 삶이 얼마나 위태롭고 허약한 토대 위에 서 있는지를 말해 준다.

죽음은 선형적인 삶의 끝자락이 아니라 삶 속에 공존한다. 깊이 들이마신 숨이 도로 나오지 않으면 그것이 곧 죽음이다. 전혀 어렵거나 철학적이지 않은 지극히 단순한 과정이다. 삶과 죽음이라는 대립하는 경계는 서로 떨어져 있지 않다. 오히려 한 몸처럼 뒤엉켜 있으며 애초부터 둘 사이에 경계라는 것도 없다. 이렇듯 한 호흡 사이에 생(生)과 사(死)가 결정되는 우리네 삶이 얼마나 위태롭고 불안한가.

누구에게나 삶은 불안하다. 존재한다는 것 혹은 생존한다는 것은 죽음과 맞서 싸우는 과정으로 이해되기도 한다. 우리는 늙고 병들어 가면서 육체가 믿고 의지할 만한 것이 못 된다는 사실을 뼈저리게 느낀다. 몸이 변치 않을 거라는 믿음은 망상에 불과하다. 그 허망함을 이겨 내고자 누군가는 돈에 집착하고, 권력이나 명성, 섹스 혹은 마약에 집착하기도 한다. 광기에 가까운 인간의 집착 이면에는 헤아리기 힘든 근원적인 불안이 자리 잡고 있다. 그 불안은 공포와 집착을 먹고 사는 괴물과도 같아서, 집착으로 불안을 해소하려 하면 할수록 불안은 커져만 간다. 급기야 불안이 공포를 낳고 그것에 송두리째 잡아먹히기도 한다.

물론 모두 다 그런 것은 아니다. 어떤 이는 불안을 열정으로 바꾼다. 불안과 위태로움, 부끄러움을 솔직하게 드러내고 인정하는 방식으로 열정의 온도를 높인다. 에곤 실레(Egon Leo Adolf Ludwig Schiele, 1890~1918)가 그런 경우이다. 에곤 실레는 작품에서 죽음의 공포, 육체의 갈망, 인간의 실존을 고민한다. 그의 시선에서 삶과 죽음, 욕망과 초월, 저속함과 고상함 등은 하나로 뒤엉킨다. 에곤 실레는 살고자 하는 근원적 욕망인 성을 적나라하게 드러내면서 그 이면에 처연한 죽음의 그림자를 담아낸다. 죽음은 어느 순간 다가오는 것이 아니라 항상 우리 곁에 있음을, 즉 존재의 본질과 속성을 한 화면에 묘사한다. 이로써 삶과 죽음의 경계선을 와해시킨다.

에곤 실레는 1890년 오스트리아 북동부의 작은 마을 툴른에서 태어났다. 여느 평범한 가정의 아이들처럼, 철도 역장이었던 아버지와 체코 출신 어머니에게 사랑받으며 자랐다. 어려서부터 그림 그리기를 좋아해서 아버지의 반대에도 그림을 포기하지 않았다. 과묵하고 낯을 가리는 성격이었지만 그림에 있어서만큼은 누구보다 열정적이었다.

아버지의 죽음 이후 기울어진 가세로 인해 학업을 이어 가기 힘든 상황이었지만, 그런 와중에도 에곤 실레는 빈 미술 아카데미에 입학해 그림을 배운다. 아돌프 히틀러가 입학하려 했지만 두 번이나 낙

〈피살리스와 함께 있는 자화상〉, 1912

방했던 빈 미술 아카데미는 많은 예술가 지망생이 입학하길 바라 마지않는 명문이었다. 하지만 에곤 실레는 전통을 중시하는 교육 방식과 자신의 예술세계를 이해하지 못하는 학교 분위기에 반발해 3년 만에 학교를 그만둔다. 주류에서 벗어나는 일이 결코 쉬운 결정은 아니었을 테지만, 결과적으로 이는 전화위복이 된다. 화가로서 평생의 멘토이자 벗이 된 구스타프 클림트를 만나 인생의 전환점을 맞이하게 되기 때문이다.

빈 아카데미를 박차고 나온 에곤 실레는 뭉크, 반 고흐 등의 작품을 두루 경험하면서 자유로운 창작 활동을 해 나간다. 그러면서 인간의 성에 관해 집요할 정도로 천착한다. 당시 누구도 에곤 실레만큼 과감하고 대담하게 성을 소재로 인간의 내면을 서슴없이 드러내는 화가는 없었다. 심지어 미성년자를 모델로 고용했다는 이유로 재판에 회부되어 감옥살이까지 하게 된다.

사는 동안 자신에게 영감을 줄 수 있는 스승을 만난다는 건 크나큰 행운이자 축복이다. 1907년 에곤 실레는 당대 최고의 재능을 자랑하던 구스타프 클림트를 만난다. 에곤 실레는 평소 존경하던 클림트를 찾아가 자신의 그림을 보여 주며 스승이 되어 주길 청하지만 클림트는 거부한다. 오히려 자신보다 뛰어난 재능이라고 말하면서 스승과 제자가 아닌 동지로 지낼 것을 제안한다. 그때 에곤 실레의 나이는 고작 열일곱 살이었고 클림트는 마흔다섯 살이었다. 적지 않은 나이 차이에도 불구하고 둘은 서로 교감하고 인정하며 예술적 영감을 주고받는 벗이 되었다.

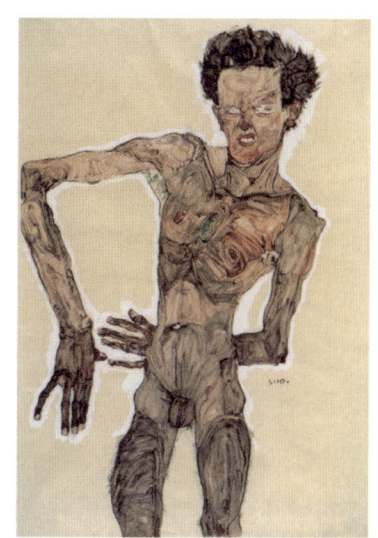

〈자화상〉, 1910

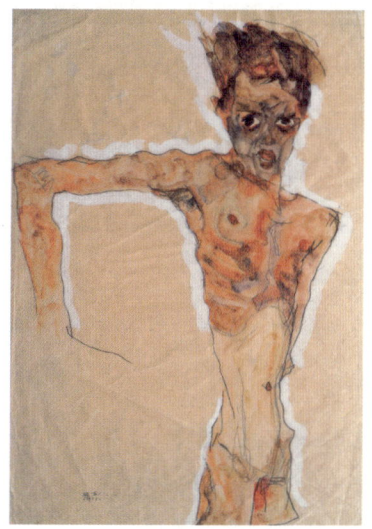

〈자화상〉, 1911

클림트를 구심점으로 결성된 '빈 분리파'에 가입한 에곤 실레는 이후 그와 행보를 같이한다. 에곤 실레의 재능을 사랑한 클림트는 그림을 사 준다든가 모델을 소개한다든가 전시회 출품을 주선하는 등 물심양면으로 많은 도움을 주었다. 그 덕에 온전히 작품에만 집중할 수 있게 된 에곤 실레는 이 시기에 자신의 자화상을 누드화로 그리기 시작한다. 거울을 가지고 다니면서 자신을 비추어 보고, 자신의 알몸을 관찰하며 나약한 육체에 깃든 인간의 참모습을 통찰한다.

봄날의 아지랑이처럼 잡으려 해도 붙잡을 수 없는 것이 삶이고 욕망이다. 이렇듯 씁쓸하고 고통스러운 인생의 속성을 잘 보여 주는 에곤 실레의 작품 중 하나가 〈죽음과 여인〉이다. 이 작품은 에곤 실레가 자신의 곁에서 평생을 헌신한 발리 노이칠과의 관계를 묘사한 것이라고 전해진다. 클림트의 소개로 에곤 실레의 모델이 된 발리 노이칠은 에곤 실레와 사랑에 빠진다. 그러나 모델 일은 물론 집안 살림을 도맡고 옥바라지까지 해 주었음에도 끝내 에곤 실레에게 배신당한다. 에곤 실레가 조건이 더 좋은 에디트라는 여인과의 사랑을 위해 예술적 동지이자 인생의 동지였던 그녀를 떠나 버린 것이다.

사람들은 〈죽음과 여인〉이 에곤 실레와 발리 노이칠의 끝나 버린 관계를 묘사한 작품이라고 말한다. 실제로 그림 속 여인은 가녀린 팔로 간절하게 남자를 껴안고 있지만 남자는 이미 반쯤 몸을 뒤로 빼고 있다. 엉거주춤한 자세로 서 있는 남자 앞에 무릎을 꿇고 앉은 여인이 처량하게 매달려 끌려가는 모양새다. 남자의 눈빛에는 당황스러움과 귀찮음이 서려 있다.

그런데 이 그림에 대한 전혀 다른 해석이 존재한다. 이 작품은 지하세계, 즉 저승을 지배하는 신인 하데스가 대지의 여신이자 풍요와 곡식의 여신인 데메테르의 딸 페르세포네를 납치해 신부로 삼은 신화를 배경으로 한다는 것이다. 신화에 따르면, 억울하게 납치된 페르세포네는 제우스의 중재로 반년은 저승에서 반년은 이승에서 살아가게 된다. 이로 인해 페르세포네는 죽음과 삶, 저승과 이승, 지하와 지상의 경계를 초월한 존재로 상징된다.

자신의 처지를 소재로 삼았든 신화를 소재로 삼았든, 에곤 실레는 이 작품을 통해 삶과 죽음, 사랑과 증오, 만남과 이별 사이의 경계 없음을 보여 준다. 극렬히 대비되는 두 세계가 만나 조화를 이루거나 혹은 불화하면서 만들어 내는 서사를 화폭에 담아낸 것이다.

에곤 실레는 클림트의 후계자인 동시에 빈 분리파의 핵심 구성원으로서 명성을 날리며 전성기를 구가한다. 전시회의 성공으로 연일 주가를 올리며 소위 잘나가는 화가가 되어 가정을 꾸리고 행복한 삶을 시작한다. 이 시기에 그려진 작품인 〈가족〉을 보면 전과 달리 선과 색이 부드러워지고 밝아졌음을 알 수 있는데, 비로소 그가 불안에서 벗어나 평안에 이르렀음을 유추해 볼 수 있다.

하지만 행복은 오래가지 않았다. 1918년 스페인 독감이 대유행하면서 아내와 태중의 아이를 동시에 잃게 된다. 우연인지 같은 해 클림트마저 세상을 떠난다. 한꺼번에 사랑하는 사람을 모두 잃은 에곤 실레는 절망에 빠진다. 여기서 끝이 아니었다. 무슨 운명의 장난인지, 가족의 장례식을 치르고 돌아오자마자 그 역시 스페인 독감에 걸린다. 그렇게 가족을 떠나보낸 지 3일 만에 세상을 떠나고 만다.

예술사의 많은 뛰어난 천재들이 그러했듯이 에곤 실레도 한창 나이에 요절했다. 비록 짧은 생이었지만 그는 2,000여 점의 데생과 300여 점의 유화 등 수많은 작품을 남겼다. 그만큼 치열하게 살아 있는 동안 그림에 몰두하다 삶을 마감했다.

〈죽음과 여인〉, 1915

〈가족〉, 1918

절망 속에서
'인생 만세'를 외치다

프리다 칼로
Frida Kahlo de Rivera

"나는 죽지 않았어요.
살고 싶었고, 깁스를 하고
누워 있는 것이 끔찍하게
지루해서 무엇이든
해 보기로 했습니다."

예술이 괴로움의 소멸에 이르는 길이 될 수 있을까? 2,600여 년 전 괴로움에서 벗어나는 길을 찾아 나섰던 붓다와 제자들은 깨달음을 통해 거기에 다다를 수 있었다. 하지만 깨달음을 추구하는 수행자가 아닌 뭇 생명은 어떻게 괴로움을 이겨 내고 삶을 살아 낼 수 있을까?

살아 있다는 건 고통이다. 고등동물이든 미물이든 마찬가지다. 삶의 수만큼 고통의 종류는 다양하고 그 깊이는 헤아리기 어렵다. 단지 생존에 필수적인 조건이 충족된다고 해서 괴로움은 해소되지 않는다. 제아무리 물질적인 풍요 속에서 마음껏 소비하고 안락을 누린다고 하더라도 결국은 다시 괴롭고 외로워진다. 인간은 육체적 고통이 사라지면 이내 마음에서 비롯된 갖가지 속박으로 인해 번민하게 된다. 때로는 살아가는 것 자체가 지치고 힘들고 외로울 때가 있다. 믿고 의지했던 신념의 붕괴, 사랑하는 사람의 배신, 이루지 못한 꿈에 대한 회한 등으로 마음 아파하며 밤잠을 설치곤 한다.

여기 불의의 사고와 사랑의 배신으로 한평생 절망하고 고통받았지만, 예술을 통해 괴로움의 소멸에 이르는 길을 걸었던 한 여인이 있다. 그녀의 삶을 들여다보면 우리가 일상에서 겪는 고통은 애교처럼 보일지 모른다. 웬만한 사람이라면 좌절하고 말았을, 상상조차 하기 싫을 만큼 커다란 불행을 견디며 살아 낸 인생이었다. 평생을 정신적·육체적 고통 속에서 살다 간 여인, 프리다 칼로(Frida Kahlo de Rivera, 1907~1954) 이야기다. 역설적이게도 '프리다 칼로'라는 이름은 '평화'라는 뜻이다. 하지만 그녀의 생은 전쟁과도 같았다. 끔찍한 교통사고, 서른 번이 넘는 수술, 남편의 외도, 반복된 이혼, 세 번에 걸친 유산.

보통 사람이 살면서 단 한 번 감당하기도 힘든 불행이 수도 없이 그녀의 삶을 사납게 할퀴고 지나갔다.

저주와도 같은 불운은 어린 시절부터 시작되었다. 프리다 칼로는 여섯 살 때 소아마비 진단을 받은 데 이어 꽃다운 청춘인 열여덟 살 때는 쇠창살이 몸을 관통하는 끔찍한 교통사고를 당한다. 이 사고로 인해 왼쪽 어깨와 오른쪽 발이 으깨지고 다리는 산산조각이 난다. 갈비뼈, 골반과 척추 세 군데가 부러지는 등 어느 곳 하나 성한 데가 없었다. 살아 있는 게 이상할 정도의 부상이었다. 지지대로 몸을 지탱하며 진통제를 달고 살았다. 그런 상황에서도 침대의 캐노피에 거울을 달고 자화상을 그렸다. 그녀에게 그림은 삶의 유일한 피난처이자 참호였다. 병상에 있는 동안 애틋했던 첫사랑마저 떠나보냈지만, 극한의 아픔과 외로움 속에서도 생을 향한 열정을 화폭에 담아냈다.

프리다 칼로의 1944년 작품 〈부서진 기둥〉을 보면 고통과 삶에 대한 의지가 잘 드러난다. 교통사고로 갈기갈기 찢기고 무너져 내린 몸을 신전의 기둥처럼 생긴 척추가 지탱하고 있지만, 그마저도 여기저기 금이 가 있어 위태롭다. 금방이라도 무너져 내릴 듯하다. 붕대처럼 동여맨 보호대만이 간신히 그녀를 버텨 내고 있다. 얼굴과 몸에는 크고 작은 못이 박혀 있고, 두 눈에서는 비 오듯 눈물이 쏟아져 내린다. 배경으로 펼쳐진 황량한 들판이 쓸쓸함을 더한다.

그녀는 이 그림에서 자신의 고통을 솔직하게 드러낸다. 솔직하다 못해 고통의 화신이 되어 버린 듯하다. 하지만 여기서 끝이 아니다. 동시에 그녀는 이렇게라도 살아 내고 있음을 이야기한다. 비탄과

〈가시 목걸이를 한 자화상〉, 1940

〈부서진 기둥〉, 1944

좌절만이 아닌 의지와 희망도 공존한다. 프리다 칼로는 사고 후 회복과 재활에 전념했다. 기적적으로 다시 걷게 되었을 때 본격적으로 그림을 그릴 수 있었지만 사고 후유증이 평생 그림자처럼 따라다니며 그녀를 괴롭혔다. 그런 그녀에게 또 한 번 치명적인 사랑이 찾아온다.

디에고 리베라(Diego Rivera, 1886~1957)는 프리다 칼로의 마음에 새겨진 화인(火印)과도 같은 사람이다. 프리다 칼로는 21세 연상 화가인 디에고를 진심으로 사랑했는데, 그만큼 처절하게 배신당한다. 두 사람의 질긴 인연은 두 번의 이혼과 재결합을 반복하면서 이어진다. 처음 만났을 때, 디에고는 누구도 두려워하지 않는 당돌함과 특별한 분위기를 가진 프리다 칼로에게 반한다. 그녀의 총명함과 솔직함과 젊음에 매료된 디에고는 결혼을 결심한다.

프리다 칼로는 열성적인 스탈린주의자였던 어머니와 디에고의 영향을 받아 혁명가 기질이 다분했다. 속설에 불과하지만, 사회주의 혁명의 권력 다툼을 피해 멕시코로 망명했던 레프 트로츠키와의 염문설이 나돌 정도였다. 억압에 저항하는 자유롭고 진취적인 영혼의 소유자였던 그녀는 디에고의 아이를 갖길 원했다. 교통사고로 인해 이미 몸은 만신창이였고, 임신하면 생명이 위험할 수도 있다는 의사의 말에도 그녀는 사랑의 힘으로 세 번에 걸쳐 임신을 시도한다. 그러나 결과는 세 번의 유산. 다시 한번 견딜 수 없는 고통이 프리다 칼로의 몸과 마음을 옥죄었다.

그러나 유산보다 더 프리다 칼로를 아프게 한 것은 디에고 리베라였다. 디에고는 둘째가라면 서러워할 만큼 바람둥이였다. 그는 프리다 칼로가 유산의 아픔을 겪는 와중에도 끊임없이 바람을 피웠다. 심지어 프리다 칼로의 여동생과도 외도 행각을 벌였다. 이에 참다못한 프리다 칼로는 이혼을 결심한다. 그리고 멈췄던 작품 활동을 재개하며 그림에 몰두한다.

〈두 명의 프리다〉는 프리다 칼로가 디에고와 이혼을 결심하는 과정에서 겪은 정신적 고통과 혼란을 표현한 작품이다. 그녀는 자신을 멕시코 전통의상과 현대적인 의상을 입고 있는 두 자아로 대비시켜 내면의 갈등과 아픔을 묘사한다. 전통의상(왼쪽)을 입은 프리다의 심장은 찢겨 피가 흐르고 있다. 죽음과 맞닿아 있는 것이다. 반면 현대적인 복장(오른쪽)의 프리다는 건강해 보인다. 그녀는 정면을 응시하고 있다. 자신의 고통과 운명과 예술을 직시하기 시작한 것이다. 마치 더는 피하지 않겠다고, 더는 누군가에게 종속되지 않고 온전히 '나'로서 살아가겠다고 선언하는 듯하다.

먹구름을 드리운 듯한 배경에는 언제 폭우가 쏟아지고 번개가 칠지 모를 긴장감이 서려 있다. 하지만 나란히 앉아 서로 손을 맞잡고 있는 두 여인의 모습에서는 자신을 고통에서 지켜 내겠다는 의지와 따뜻한 위로가 느껴진다. 자존감이 바닥을 치고 고독과 고통 속에서 몸부림치던 사람이 어떻게 그 벽을 넘어설 수 있는지, 이 그림은 묵묵히 그 길을 일러 주는 듯하다.

때로 비평가들은 프리다 칼로의 작품을 초현실주의로 분류했다. 그때마다 그녀는 이렇게 반박했다. "사람들은 나를 초현실주의자로 생각한다. 그러나 나는 결코 꿈을 그리지 않았다. 나는 나의 현실

〈두 명의 프리다〉, 1939

〈인생 만세〉, 1954

을 그렸다." 이러한 견해 차이는 너무나 비현실적이어서 초현실적으로 느껴지는 프리다 칼로의 삶과 작품이 가진 고유함 때문일 것이다. 현실은 누군가에게는 행복이지만 누군가에게는 악몽이다. 사람들 눈에는 프리다 칼로의 그림이 은유처럼 보였을지 몰라도 그녀에게는 엄연한 현실이었다.

사람들은 고통과 두려움이 찾아오면 서둘러 피하거나 외면하려 한다. 하지만 프리다 칼로는 그것을 정면으로 응시한다. 그래서 그녀의 그림은 더욱 슬프고 아름답다. 그녀가 남긴 그림은 자신의 고통을 열정으로 활활 태워 우리를 위로한다. 삶은 원래 그런 거라고. 1954년 7월 13일, 프리다 칼로는 죽음을 통해 비로소 자신의 이름처럼 '평화'를 얻는다.

프리다 칼로의 마지막 일기에는 이렇게 적혀 있다. "이 외출이 행복하기를, 그리고 다시는 돌아오지 않기를…." 그녀의 삶은 슬프다 못해 서럽다. 하지만 그게 전부는 아니다. 세상을 떠나기 8일 전에 완성한 마지막 작품 〈인생 만세〉. 프리다 칼로는 무슨 생각으로 수박 그림에 'Viva la Vida'라는 글귀를 적었을까.

한창 디에고 리베라와 사랑에 빠졌을 때, 프리다 칼로는 자신의 소원은 단 세 가지라고 말했다. 디에고와 함께 사는 것, 그림을 계속 그리는 것, 혁명가가 되는 것. 세 가지 소원 중에 이뤄진 것도 있고 그렇지 못한 것도 있다. 살면서 마음먹은 대로 다 이루며 사는 사람이 과연 얼마나 될까. 모든 것은 변하고, 그 변화 때문에 우리는 괴로워한다. 그런데도 프리다 칼로는 "인생 만세"를 외친다. 원통하고 비루한 삶이더라도 살아 내야만 하는 이유가 있다고 말한다.

우리는 살면서 조금만 힘들고 불편해도 엄살을 떨기 바쁘다. 삶이 지겹다거나 권태롭다는 말을 너무도 쉽게 내뱉는다. 그러면서 시간을 낭비한다. 그럴 때마다 프리다 칼로의 삶과 예술을 떠올려 보면 어떨까. 그림을 통해 괴로움의 소멸로 가는 길을 걸었던 한 인간의 장엄한 삶을 말이다. 매 순간 상처받고 절망하면서 시린 가슴을 부여잡고 버텨야 하는 우리에게 그녀의 삶과 작품은 뜨거운 위로이자 희망이 되어 준다.

증오의 시대,
사랑의 향기를 내뿜다

마르크 샤갈
Marc Chagall

"진정한 예술은
사랑 안에서 존재한다.
그것이 나의 기교이고
나의 종교다."

불길 속에 핀 연꽃 끝내 무너지지 않으니

꽃은 수미산 같고 잎사귀는 허공 같네

맑은 향 삼계에 널리 널리 흩뿌리니

서풍에 쉽게 질까 걱정하지 마시게.

　　　　- 『남명천화상송증도가사실』 중에서

고난과 역경 속에서도 신념을 추구하며 세상을 향한 연민의 마음을 잃지 않기란 참으로 어렵다. '곳간에서 인심 난다'라는 말이 있듯이, 눈앞의 현실이 팍팍하면 남 생각할 겨를 따위 없어지는 게 당연지사다. 물론 삶이 고단하다고 해서 측은지심마저 메말라 버리는 건 아니지만, 아무래도 내 처지부터 먼저 보살피고 보자는 마음이 드는 게 어쩔 수 없는 인간의 습성이다.

때로 사람들은 세상으로부터 눈을 돌리고 귀를 닫는다. 일부러 둔감해지길 선택함으로써 외부의 충격으로부터 스스로를 보호하려는 것이다. 이는 최소한의 자기방어 기제이지만, 연기적 관점에서 볼 때는 지혜롭지 못한 회피나 방조에 불과하다. 내가 불안하면 세상 어디에서도 평화로울 수 없듯이, 반대로 세상이 고통에 시름하면 나 역시 안온할 수 없는 까닭이다.

선가(禪家)에서는 종종 '화리생련(火裏生蓮)'이라는 표현을 사용한다. 말 그대로 해석하면, 타오르는 불길 속에서 연꽃을 피운다는 뜻이다. 수행의 관점에서 해석하면, 탐욕[貪]·성냄[瞋]·어리석음[痴]이라는 불길을 동력으로 삼아 깨달음과 자비로 나아간다는 의미이다.

이 얼마나 숭고한 말인가. 과연 우리가 이러한 삶을 살아갈 수 있는 가. 물론이다! 실제로 이 말을 은유가 아닌 삶으로 구현해 낸 사람이 있다. 불타는 전쟁 속에서 호소력 짙은 그림으로 온 세상에 사랑의 향기를 널리 퍼뜨린 마르크 샤갈(Marc Chagall, 1887~1985)이다.

마르크 샤갈은 1887년 러시아 비텝스크(현 벨라루스) 근교의 가난한 유대인 부부 아들로 태어났다. 아버지는 중노동을 하거나 생선 가게에서 점원으로 일했고 어머니는 채소를 팔았는데, 아홉 명이나 되는 자녀를 부양하기에는 버거울 수밖에 없는 살림이었다. 그럼에도 샤갈은 일찍이 자신의 재능을 알아본 어머니 덕분에 예술적 감성을 키워 나갈 수 있었다. 그는 꿈과 상상력을 시각 언어로 표현하는 데 탁월한 능력을 발휘했다.

차별받던 유대인 신분으로 이동이 자유롭지 못했음에도, 1906년 샤갈은 상트페테르부르크로 이사를 가 왕립 협회 예술학교에 입학한다. 이후 1910년, 세상의 천재 예술가들이 집결했던 곳이자 표현의 자유가 넘실대던 파리로 유학을 떠난다. 샤갈은 당시 주류였던 입체파에 편승하지 않고 자신만의 독자적인 스타일을 갈고 닦는다. 그러다 연인 벨라와의 결혼을 위해 잠시 귀국했는데, 때마침 제1차 세계대전이 발발하는 바람에 국경이 봉쇄되어 고국에서 8년간 생활하게 된다. 하지만 혁명이 예술을 대하는 방식과 태도에 환멸을 느낀 그는 다시 파리로 돌아가 아예 프랑스로 귀화한다.

샤갈만의 독특하고 아름다운 색채는 유럽인들을 매료시켰다. 특히 아이가 그린 듯한 혹은 동시를 읽어 내려가는 듯한 몽환적이고 신비로운 묘사는 그만의 고유한 스타일로 자리 잡았다. 샤갈 스스로 "내 삶에서 가장 행복했던 시절"이라고 말할 만큼 파리에 머문 10여 년의 기간은 재정적으로 안정되면서 평화로운 시간이었다. 그러나 전 세계가 다시 제2차 세계대전이라는 전쟁의 포화에 휩싸이면서 샤갈은 나치의 탄압을 피해 미국으로 도피한다. 이 무렵 아내 벨라의 갑작스러운 죽음으로 인해 큰 상실감을 겪게 되지만, 프랑스 남부로 거처를 옮긴 후 작품을 통해 벨라와의 추억을 회고하면서 서서히 아픔을 극복해 나간다.

평생 두 번의 세계대전을 겪으며 온몸으로 전쟁의 공포와 불안을 체감해야 했던 샤갈. 하지만 그는 혹독한 외부 환경 속에서도 우울과 비탄에 사로잡히지 않고 사랑과 희망을 꽃피운다. 만년에는 새롭게 인연을 맺은 발렌티나 바바 브로드스키와 프랑스 생폴드방스에 정착해 살면서, 1985년 98세를 일기로 생을 마감할 때까지 다양한 작품을 남긴다.

샤갈의 스타일은 다른 화가들과 선명하게 구분되어서 처음 보는 그림이라도 한눈에 그의 작품임을 알아볼 수 있다. 일례로 다양한 색채와 구도로 고향 비텝스크를 묘사한 작품 〈나와 마을〉을 보면 그만의 차별화된 개성이 무엇인지 잘 드러난다. 커다란 눈을 가진 소와 초록색 얼굴의 농부가 서로 마주 보고 있다. 소의 뺨에는 한 여인이 소젖을 짜는 모습이 그려져 있고, 농부의 손에는 소를 위한 선물인 듯 반짝이는 나뭇가지가 들려 있다. 둘 사이에는 농사일을 마치고 집으로 돌아가는 농부와 그를 마중 나와 발길을 재촉하는 듯한 아내의 모

〈나와 마을〉, 1911

습이 보인다. 소와 인간이 서로를 헤아리듯 어울리고, 배경에는 다채로운 색상의 집과 교회가 서 있다. 마치 줄거리 없는 꿈을 꾸듯 조각난 이미지들이 중첩되어 있는 이 그림은 단절된 듯하면서도 서로 연결되어 있다.

그렇다고 샤갈의 작품이 모두 천진난만하기만 한 것은 아니다. 그가 살아 내야 했던 현실은 처참한 전쟁의 연속이었다. 〈전쟁〉은 그러한 참혹한 기억의 파편들이 모자이크처럼 캔버스에 하나하나 새겨진 작품이다.

암흑천지에서 세상이 불타고 있다. 사람들과 소가 불길 속에서 타 죽어 가고 집도 송두리째 타들어 간다. 다급하게 피난을 떠나는 이들이 소달구지에 빽빽이 올라타 목숨을 부지하려 애쓰고 있다. 화면 아래에는 한 여인이 죽은 아이를 붙잡고 오열하고 있다. 아비규환이 따로 없다. 색채의 마법사로 불릴 만큼 형형색색의 아름다운 색채를 즐겨 쓰던 샤갈이지만 전쟁에 대한 기억만큼은 온통 어둡고 잿빛일 뿐이다. 그럼에도 불구하고 다시 한번 고향의 흰 소를 소환함으로써 끝끝내 그는 희망의 끈을 놓지 않으려 한다.

샤갈은 상트페테르부르크 왕립 예술학교에서 그림을 배우던 시절, 인생을 뒤흔든 운명의 상대를 만난다. 바로 벨라 로젠펠트(Bella Rosenfeld, 1895~1944)다. 벨라는 샤갈의 인생뿐만 아니라 작품세계에서도 빼놓을 수 없을 만큼 중요한 존재이다. 『나의 삶』에서 샤갈은 벨라와의 첫 만남을 다음과 같이 기술한다. "그녀의 침묵은 내 것이었고, 그녀의 눈동자도 내 것이었다. 그녀는 마치 내 어린 시절과 부모님,

〈전쟁〉, 1964

내 미래를 모두 알고 있는 것 같았고, 나를 관통해 볼 수 있는 것 같았다." 샤갈에게 벨라는 현실의 연인이자 작품에 대한 무한한 영감과 통찰을 샘솟게 하는 살아 있는 뮤즈였다.

샤갈이 집안의 반대에도 불구하고 기어코 벨라와의 결혼을 승낙받은 후에 그린 작품으로 알려진 〈생일〉에는 당시 그가 느낀 행복의 감정이 물씬 배어난다. 지그시 눈을 감고 입술을 가져다 대는 남자(샤갈)와 놀란 눈을 하면서도 이에 호응하는 여자(벨라), 그림 속 연인의 모습은 너무도 초현실적이다. 특히 곡예를 부리듯 기이한 자세로 떠 있는 남자의 모습이 아주 인상적이다. 남자의 두 발은 허공에 붕 떠 있고, 여자의 발도 막 공중으로 떠오르려는 참이다. 여자의 손에 들린 꽃다발도 두둥실 떠오를 기세다. 심지어 방안에 놓인 탁자, 카펫, 작은 침대마저 들썩이는 듯하다. 이것이 바로 샤갈이 감정을 묘사하는 방식, 자신만의 시각 언어로 사랑을 표현하는 방식이다. 이 순간 샤갈의 몸과 마음에는 온통 사랑만이 가득하고, 그 마음이 주변 사물에까지 전이되고 있다.

샤갈이 유독 사랑이라는 감정에 침잠한 것은, 양차 대전을 겪으면서 분노와 증오가 얼마나 무서운 재앙을 초래하는지 몸소 목격했기 때문일 것이다. 혁명이라는 미명하에 은폐된 폭력과 억압, 전쟁이라는 이름으로 자행되는 무자비한 살육과 파괴는 인간의 마음을 병들게 한다. 인간이 가진 최소한의 감정마저 짓밟아 버리고 무감각하게 만들어 버리는 게 전쟁의 참혹함이다.

지금 이 순간에도 지구 한편에서는 화합을 노래하지만, 다른 한

〈생일〉, 1915

편에서는 살육이 진행 중이다. 침묵과 무관심 속에 인간의 이성을 마비시키는 '증오'라는 광기가 세상을 좀먹고 있다. 언제까지 고개 돌리고 모른 체할 것인가. 언제까지 그대 삶이 평화로우리라 믿는가. 그어느 때보다 전쟁으로 인한 혼란과 공포가 만연한 요즘, 새삼 전쟁의 불길 속에서도 연꽃을 피워 내듯 사랑을 이야기한 마르크 샤갈이 더욱 크게 다가온다.

2부

진실을 탐구하다

한 번의 붓질로
진실의 틈을 파고들다

디에고 벨라스케스
Diego Rodriguez de Silva y Velazquez

"나는 고급 미술에서
두 번째 화가가 되기보다
평범한 것들의 첫 번째
화가가 되고 싶다."

『반야심경』에서는 진실을 보고자 한다면 혹은 열반에 이르고자 한다면 "뒤바뀐 헛된 생각에서 벗어나야 한다"라고 설한다. 그러려면 우선 '반야바라밀다(般若波羅蜜多)'에 의지해서 마음에 사로잡히는 일이 없어야 한다. 하지만 생각처럼 쉽지 않다. 다양하고 화려한 언어와 상징들이 우리 주변을 가득 채우고 있고, 살다 보면 그럴싸한 말과 화려한 논변에 휘둘려 외려 진실이나 진리로부터 멀어지는 일이 허다하기 때문이다.

어디 말뿐일까. 눈에 보이는 현상도 다르지 않다. 누군가 믿기 어려운 현상을 말할 때, 보통 우리는 "네가 봤어?" 하고 되묻곤 한다. 이는 만약 두 눈으로 보았다면 사실로 인정하겠다는 말과 다르지 않다. 하지만 눈으로 보았다고 해서 그것이 진실이라고 말할 수 있을까? 눈에 보이는 게 곧 보편적이고 절대적인 진리일까? 예를 들어 세상을 있는 그대로 담아낸다는 사진이나 영상은 촬영자의 의도에 따라 오히려 뒤바뀐 진실을 전하는 경우가 많다. 그림도 마찬가지다. 같은 그림이라도 화가, 감상자, 나아가 그림 속 등장인물의 시각에 따라 전혀 다른 서사가 전개되기도 한다. 이를 잘 보여 준 화가가 바로 크 시대의 거장 디에고 벨라스케스(Diego Rodriguez de Silva y Velazquez, 1599~1660)다.

디에고 벨라스케스는 세계 3대 미술관 중 하나인 프라도 미술관의 스타이자 스페인 미술에서 가장 중요한 화가로 손꼽힌다. 스페인 세비야에서 변호사 아버지와 하급 귀족 출신 어머니 사이에서 태어난 벨라스케스는 어려서부터 미술에 뛰어난 재능을 보였다. 10대 시절 본격적으로 그림을 공부하며 화가로서의 소양을 닦던 그는 성인이 되어 스승의 딸과 결혼하고 슬하에 두 명의 딸을 두는 등 외적으로도 안정적인 가정생활을 이어 간다. 고향에서 차츰 명성을 쌓아 가던 벨라스케스는 스물네 살에 궁정화가로 선발되면서 일찌감치 대중의 주목을 받는다. 가족과 함께 마드리드로 이사한 후에는 국왕 필리프 4세의 초상을 그릴 수 있는 독점 권한까지 부여받는다. 천재의 삶치고는 굴곡이 없는 평온한 삶이었다.

몇 년간 궁정화가로 일하던 벨라스케스는 1628년 로마로 유학을 떠나 그곳에서 새로운 화풍을 익힌다. 특히 베네치아파로부터 빛을 표현하는 기법에 대해 영감을 받는데, 그의 작품이 인상주의적 경향을 띠기 시작한 것도 이때부터이다. 1649년 다시 한번 이탈리아를 방문해 로마에서 2년가량 머무는 동안 여러 작품을 남겼는데, 대표적인 그림이 〈교황 인노첸시오 10세〉이다. 이 작품은 지나치게 사실적인 표현과 묘사로 인해 논쟁을 불러일으켰는데, 훗날 프랜시스 베이컨의 작품에 오마주되면서 더욱 유명해진다.

천재는 천재를 알아본다는 말이 있다. 벨라스케스는 유럽 미술사상 내로라하는 천재들의 찬사를 한 몸에 받았던 '화가들의 화가'였다. 사후 많은 화가가 그의 천재성을 흠모하며 존경을 표했는데, 에두아르 마네는 자신의 작품 곳곳에 벨라스케스의 화풍을 실험적으로 차용하기까지 한다.

디에고 벨라스케스 하면 떠오르는 대표적인 기법이 '알라 프리마(Alla prima)'다. 이탈리아어로 '첫 시도'를 뜻하는 이 말은 한 겹의 칠

〈교황 인노첸시오 10세〉, 1650

〈엘 프리모의 초상〉, 1645

만으로 그림을 완성하는 것을 말한다. 물감을 여러 겹 덧칠해 그림을 그리는 이전의 회화 방식과 달리 몇 번의 붓 터치만으로 대상의 생생한 느낌을 전달하는 기법이다. 알라 프리마 기법을 사용한 그림은 가까이서 보면 대충 그린 듯 보이지만, 반대로 멀리서 보면 정교하고 생생하게 이미지가 살아나 사실적이고 입체적인 인상을 준다.

알라 프리마의 핵심은 화가의 확신이다. 최소한의 터치로 대상을 직관적으로 묘사할 수 있어야 한다. 벨라스케스의 천재성과 알라 프리마의 특징을 잘 보여 주는 사례가 〈엘 프리모의 초상〉과 〈시녀들〉이다. 특히 〈시녀들〉에 등장하는 마르가리타 공주의 손을 보면 손가락 끝이나 손톱이 아예 보이지 않는다. 하지만 거리를 두고 보면 마치 3차원 입체 영상을 보는 듯 그림이 선명하게 살아난다. 훗날 알라 프리마는 인상주의와 사실주의 화가들에게 큰 영향을 미치는데, 마네는 물론이고 쿠르베도 벨라스케스의 시그니처와 같은 이 기법을 연구하고 따라 한다. 더불어 벨라스케스의 작품에 대한 모작과 패러디도 무수히 이어진다. 심지어 그 유명한 피카소나 살바도르 달리도 〈시녀들〉을 모티브로 많은 작품을 남겼다.

1985년 영국의 유력 미술 잡지사에서 화가와 비평가를 대상으로 '세상에서 가장 위대한 작품'을 꼽는 설문 조사를 실시한 적이 있다. 많은 사람이 고흐의 〈해바라기〉나 레오나르도 다 빈치의 〈모나리자〉 같은 작품을 떠올렸을 테지만 전문가들의 선택은 달랐다. 1위로 뽑힌 작품은 벨라스케스의 〈시녀들〉이었다.

왜 전문가들은 이 그림을 최고의 작품으로 꼽았을까. 작품을 살

〈시녀들〉, 1656

펴보자. 일단 시점이 파격적이다. 여러 사람이 등장하는 그림이라 할지라도 초점이 쏠린 주인공이 정해져 있기 마련인데, 이 그림에서는 도대체 누가 주인공인지 알 수 없다. 중앙에 마르가리타 공주가 묘사되어 있고, 옆에 공주를 달래려는 듯 장난감을 가지고 애쓰는 시녀가 있다. 다른 시녀들은 정면을 응시하고 있는데, 아마도 국왕 내외를 바라보고 있는 듯하다. 오른쪽 끝에는 어린 여자아이가 커다란 개를 발로 툭툭 건드리고 있고 개는 아무렇지 않은 듯 시선을 내리깔고 있다.

왼쪽에는 커다란 캔버스 앞에 화가 한 명이 서 있다. 벨라스케스다. 자화상도 아닌 그림에 자기 모습을 그려 넣은 발상이 매우 흥미롭다. 그림 속 벨라스케스는 한껏 멋스럽게 어깨를 젖힌 채 팔레트와 붓을 들고 있다. 왼쪽 가슴에 새겨진 산티아고 기사단 문장이 그가 이 작위를 자랑스럽게 여기고 있음을 암시한다. 그의 시선은 공주가 아닌 정면을 향하고 있다. 여기서 중요한 건 벨라스케스와 마르가리타 공주 사이, 정확히 장난감을 든 시녀와 공주의 머리 위 벽에 걸려 있는 작은 거울이다. 거울은 나란히 선 왕과 왕비를 비추고 있다. 즉, 화면 속 벨라스케스는 화면 밖에 서 있는 왕과 왕비를 모델로 그림을 그리고 있는 것이다.

이렇듯 〈시녀들〉에는 여러 시선이 중첩되어 있다. 그림 밖을 향한 벨라스케스의 시선, 그림 속 인물들을 바라보는 펠리페 4세와 마리안느 왕비의 시선, 그리고 전체를 아우르는 관람자의 시선이다. 거울을 중심으로 단일한 평면 위에 이 세 가지 시선이 겹쳐져 있다. 이로 인해 누가 보는 자이고 누가 보이는 자인지에 대한 경계가 모호해진다. 물론 벨라스케스가 모두의 시선을 담을 수 있는 커다란 거울을 앞에 두고 이 그림을 그렸을 수도 있다. 진실은 알 수 없지만, 어쨌든 그는 독특한 시도를 통해 그림 밖의 대상까지 그림 안으로 끌어들여 예상치 못한 새로운 이야기를 전개한다.

미셸 푸코는 『말과 사물』 첫 장에서 벨라스케스의 〈시녀들〉에 대해 상세히 다루고 있다. 그는 〈시녀들〉이 그림 안과 밖의 경계가 허물어지고 서로 만나는 지점을 보여 준다고 분석한다. 그림 속 벨라스케스와 공주, 두 시녀의 시선이 향하고 있는 곳은 그림 밖 인물인 펠리페 4세와 마리안느 왕비다. 이들의 시선 덕분에 〈시녀들〉은 놀랍게도 그림 밖 현실 공간까지 그림 안으로 끌어들이는 데 성공한다. 그림이 대상과 현상을 재현하는 작업이라고 할 때, 벨라스케스가 재현 중인 모습을 다시 거울을 통해 재현하는 셈이다.

그러나 제아무리 안팎을 치밀하게 재현하더라도, 이 모든 것을 설계하고 기획한 화자 자신을 재현하는 데는 실패할 수밖에 없다. 그림 속에서 보는 자와 보이는 자는 마치 뫼비우스의 띠처럼 서로 맞물리면서 무한한 순환 구조에 놓이기 때문이다. 즉, 그림 속 벨라스케스는 살아 숨 쉬는 벨라스케스가 아니라 하나의 표상(表象, representation)에 불과하다.

이 세상도 마찬가지다. 정교하고 치밀하게 구축된 시스템처럼 보일지라도 그것은 겉모습에 불과하다. 거기에서 진실을 찾는다는 건 불가능하다. 이를테면 팔만대장경이 방대하고 심오한 깨달음과 열반을 이야기한다고 해도, 수행자 스스로 체득하기 전에는 그것 역시 하나의 표상에 불과한 것이다. 요리 보고 저리 보아도 진실에는 다 가설 수 없다. 아무리 사과가 달콤하다고 설명한들, 먹어 보지 못한 사람에게는 한낱 말과 글에 불과하다. 사과를 입으로 베어 무는 순간, 비로소 사과가 무엇인지 알게 된다.

인간의 야만과
광기를 폭로하다

프란시스코 고야

Francisco José de Goya y Lucientes

"그림을 그린다는 것은
한 마음이 다른 마음에게
자신이 구원을 발견한 곳을
알려 주는 일이다."

불과 얼마 전까지만 해도 많은 사람이 전쟁의 시대는 막을 내렸다고 말했다. 희망 섞인 그 기대는 2022년 초 러시아의 우크라이나 침공으로 여지없이 무너졌다. 두 나라 간의 전쟁은 서로 공격과 반격을 주고받으며 3년 넘게 지속되고 있다. 그사이 발생한 수많은 인명 피해는 굳이 강조하지 않아도 매일 전 세계 사람들이 뉴스를 통해 실시간으로 목도하고 있다. 알려진 피해만도 적지 않지만, 드러나지 않은 일까지 포함하면 훨씬 더 많은 사상자가 발생했을 것이다.

과거 역사책에서나 볼 법한 이야기가 21세기에도 버젓이 벌어지고 있는 지금, 또 한 번 우리는 전쟁의 참혹함과 인간의 야만성에 몸서리치고 있다. 전장은 본래부터 야만의 터전이 아니었다. 여느 동네처럼 편의점과 세탁소가 있고, 차들이 돌아다니고, 사람들이 평화롭게 일상을 보내는 곳이었다. 전쟁은 이 모든 풍경을 삽시간에 뒤바꾸어 놓았다. 비현실적으로 느껴질 만큼 참혹하게. 이런 짐승과도 같은 무자비한 폭력과 야만, 광기 속에서 인간은 어떻게 고통에 맞서야 할까. 문득 떠오르는 그림 한 점이 있다.

어두운 밤, 군인들이 일렬횡대로 서서 사람들에게 장총을 겨누고 있다. 얼마나 많은 군인이 도열하고 있는지 끝을 알 수 없다. 바닥에 내려놓은 등불만이 어둠 속에서 벌어지는 야만과 광기를 밝힐 뿐이다. 군인들은 두 발을 크게 벌리고 상체를 잔뜩 수그린 채 금방이라도 총을 발사할 태세다. 팽팽한 긴장감이 감도는 상황, 말 그대로 일촉즉발이다.

민간인으로 보이는 사람 중 한 사내가 무릎을 꿇은 채 양팔을 번쩍 들고 있다. 공포에 질린 사내의 눈빛에는 분노와 억울함도 엿보인다. 사내가 입고 있는 하얀색 상의가 선혈이 낭자한 바닥과 대비되면서 그들의 무고함과 선량함을 대변해 주는 듯하다. 남자의 등 뒤로는 여러 사람이 두려움에 떨고 있다. 누군가는 체념한 듯 두 손으로 눈을 가리고 있다. 이미 항복 의사를 보였음에도 군인들은 총구를 들이밀고 있다. 몇몇 사람이 붉은 피를 흘리며 땅바닥에 쓰러져 있는 걸로 보아 이미 한 차례 총살이 집행되었음을 알 수 있다.

저 멀리 교회 건물까지 늘어선 군인들, 그 앞에서 공포에 떨고 있는 사람들. 이 절망적인 장면에는 한 가지 특이점이 있다. 사격하는 군인들의 얼굴은 알아볼 수 없게 가려진 반면 학살당하는 사람들의 얼굴은 분명하게 묘사되어 있다는 점이다. 이를 통해 화가가 어느 쪽에 정당성을 부여하고 있는지를 짐작할 수 있다.

이 그림은 스페인을 대표하는 화가 프란시스코 고야(Francisco José de Goya y Lucientes, 1746~1828)의 〈1808년 5월 3일〉이라는 작품이다. 전쟁의 참상과 인간의 광기를 고발하는 고야의 대표작이다. 1808년 나폴레옹의 프랑스 제국이 이베리아반도를 점령한 후 페르난도 7세를 폐위하고 조세프 호세 1세를 왕위에 앉히자 마드리드 시민들이 이에 항거한다. 마드리드에서 열린 반(反) 나폴레옹 시위에서 프랑스군은 무력으로 시위대를 진압하고, 그 과정에서 민간인 학살을 서슴지 않는다. 그날의 역사를 소재로 다룬 작품이 바로 〈1808년 5월 3일〉이다. 훗날 피카소가 그린 〈한국에서의 학살〉과 같은, 반전·반폭력 메시지를 담은 작품에 지대한 영향을 미친 그림이다.

〈1808년 5월 3일〉, 1814

프랑스군의 만행에 대항해 민간인으로 구성된 스페인 게릴라들은 나폴레옹이 퇴위하기 전까지 항전을 지속한다. 그 과정에서 양측은 서로에게 엄청난 피해와 학살, 약탈, 강간을 자행하면서 악순환을 반복한다. 이러한 전쟁의 참상을 목격한 고야는 동판화 작업으로 〈전쟁의 참화〉 연작을 남긴다.

〈전쟁의 참화〉에 묘사된 장면들은 보는 이의 눈살을 찌푸리게 만드는 불편한 진실이다. 하지만 고야는 진실에서 눈을 돌리는 대신 이를 정면으로 응시한다. 마치 종군기자가 사진을 찍듯 생생하게 그날의 참상을 기록한다. '이유가 있든 없든', '그리고 거친 짐승들', '그들은 원치 않는다', '그들을 도와줄 사람은 없다', '최악이 시작되다' 등 작품에 달린 부제만 봐도 내용이 어떨지 상상이 간다.

거칠고 투박한 에칭(etching, 동판 따위의 금속판에 밑그림을 그리고 산으로 부식시켜 판화를 만드는 기법) 방식으로 제작된 작품에서는 절규와 비명이 난무하는 듯하다. 살육과 저항이 뒤엉킨 끔찍한 그림들을 감상하노라면 인간이 가진 깊이를 알 수 없는 광기에 소름이 끼칠 정도이다. 그런데 당시 사람들이 고야에게 어째서 이토록 비인간적인 모습을 묘사하는 데 집중하느냐고 질문을 던졌을 때, 그가 들려준 답은 너무도 간단하고 분명했다. "야만인이 되지 말자는 말을 사람들에게 영원히 아로새기고 싶기 때문이오."

고야는 1746년 스페인 동북부에 있는 작은 시골 마을 푸엔데토도스에서 태어났다. 도금 장인이었던 아버지의 영향인지 어려서부터 예술 감각이 뛰어났는데, 그림만이 아니라 조각에도 관심이 많았다.

〈전쟁의 참화〉 연작 '그들은 원치 않는다', 1810~1820

〈전쟁의 참화〉 연작 '그들을 도와줄 사람은 없다', 1810~1820

사라고사의 가톨릭 수도원 학교에서 공부하면서 자연스럽게 종교화에 노출되었고, 또 10대 시절 종교 화가인 호세 루산에게도 그림을 배운다. 점차 회화에 대한 안목과 실력을 높여 가던 고야는 당시 스페인에서 가장 명성이 높았던 왕립 아카데미에 들어가기 위해 애를 썼지만 번번이 낙방한다.

잠시 이탈리아 로마에 머물다가 마드리드로 돌아온 고야는 궁중 내부의 벽을 장식하는 태피스트리 밑그림을 그리는 일을 맡는다. 이때부터 고야는 이전 세대 스페인 화단을 대표하던 벨라스케스의 그림을 판화로 표현하는 한편, 천편일률적으로 신고전주의를 추종하는 흐름을 거부한다. 판에 박힌 그리스 조각을 흉내 내기보다 자연 속에서 아름다움을 발견하기 시작한 것이다.

상류층의 초상화를 전문적으로 그리면서 차츰 명성을 얻게 된 고야는 마침내 카를로스 4세의 수석 궁정화가가 되기에 이른다. 많은 논란과 비밀을 간직한 〈카를로스 4세의 가족〉도 이 시기에 작업한 그림이다. 그런데 겨우 경제적 여유를 찾게 되었을 무렵, 휴가차 세비야에 방문했다가 병에 걸려 후유증으로 청력을 상실한다. 실의에 빠질 법도 했지만 오히려 그는 "이전에는 상상력이나 창의력을 발휘할 수 없었다. 하지만 이제는 전혀 관찰하지 못했던 것을 관찰할 수 있게 되었다"라며 더 깊이 예술에 천착한다.

이후 고야는 자신만의 독창성이 담긴 어둡고 기괴한 화풍의 그림을 다수 선보인다. 세상으로부터 자신을 고립시키고 스스로 '귀머거리의 집'이라고 이름 붙인 집에서 그린 이른바 '검은 그림'들이다.

〈로스 카프리초스〉 43번 '이성이 잠들면 괴물이 깨어난다', 1799

말년에 고야는 조국 스페인을 떠나 프랑스의 보르도에서 82세를 일기로 외롭게 눈을 감는다.

인간의 야만과 광기는 어디에서 비롯될까. 인간의 본성이 선한지 악한지를 묻고자 하는 게 아니다. 정치적 노선을 따지자는 것도 아니다. 다만 언제 인간이 악의 손아귀에 사로잡히는지를 묻는 것이다. 이 질문에 고야는 '깨어 있음'을 강조한다.

'이성이 잠들면 괴물이 깨어난다'라는 부제를 단 〈로스 카프리초스〉 작품 43번에서 고야는 인간이 가진 이성과 광기 사이의 위태로움을 단적으로 묘사한다. 세상에서 벌어지는 광기와 폭력에서 눈을 돌릴수록, 이를 외면할수록, 부엉이의 날갯짓은 더욱 요란해진다. 욕망에 민감해지고 폭력에 둔감해지는 혼몽에 빠져들수록 우리 내면의 괴물이 고개를 든다는 사실을 이 작품을 통해 잘 보여 준다.

2,600여 년 전 어린 싯다르타 태자는 농경제에 참여했다가 우연히 숲속에서 서로 잡아먹고 잡아먹히는 야생의 먹이사슬 현장을 목격한다. 이날의 충격으로 싯다르타는 불도(佛道)의 길에 들어서게 된다. 우리 삶도 이와 같아야 한다. 타국에서 벌어지는 전쟁을 단지 먼 나라의 소식으로만 흘려듣는 나태함과 안일함은 또 다른 참화의 시작일 수 있다. 우리 땅에서 벌어지는 일이 아니어서 다행이라는 정도의 마음으로는 내면의 괴물을 잠재울 수 없다. 내가 아닌 타인의 고통, 세상의 고통을 외면하지 않고 정면으로 응시하는 깨어 있는 마음만이 광기와 파멸의 나락으로부터 우리를 지켜 줄 유일한 희망이다.

불현듯 '깨어 있으라'라는 고야의 간절한 메시지가 『숫타니파타』

에 담긴 붓다의 음성과 뒤섞여 귓가에 맴돈다.

"일어나 앉아라.
잠을 자서 너희에게 무슨 이익이 있겠는가?
화살에 맞아 고통받는 이에게 잠이 웬 말인가?
평안을 얻기 위해 일념으로 배워라."

감춰진 현실을 드러낸
사실주의 화가

귀스타브 쿠르베
Jean Désiré Gustave Courbet

"나는 그림으로 먹고살면서
한 순간이라도 원칙을 벗어나거나
양심에 어긋나는 짓은 하고 싶지 않다.
또 누구를 기쁘게 해 주기 위해
아니면 돈을 쉽게 벌기 위해
그림을 그리고 싶지도 않다."

"세존께서 가사를 입고 발우를 들고 사위성에 들어가 성안에서 차례로 걸식하신 후 처소로 돌아오셨다. 공양을 드신 후 가사와 발우를 거두시고 발을 씻고 자리를 펴고 앉으셨다."

『금강경』도입부에서 법회가 이뤄지게 된 인연을 설하는 내용 중 일부이다. 이 대목을 잘 음미해 보면, 대승불교의 태동 이후 신격화된 모습과는 대조적인 붓다의 인간적인 모습이 또 다른 감동으로 다가온다. 아무리 탁월한 깨달음을 성취하고 높은 이상을 추구하며 살아갈지라도 마을로 내려가 음식을 탁발해야만 먹고 살 수 있다. 이것이 이 땅에서 살아가는 모든 생명의 진실이다. 붓다는 탁발이라는 행위를 통해 고귀한 삶의 밑거름인 생명과 수행을 이어 가는 한편, 수행 공동체 수장으로서의 책무를 다한 것이다. 이와 같이 『금강경』은 구름을 타고 다니는 초월적 존재가 아닌 현실에 발 딛고 사는 붓다의 일상을 생생히 묘사함으로써 성스러움에 관한 종교적 판타지를 산산이 깨 버린다.

서양화 전통에서 볼 때 불교는 일종의 사실주의[Realism]다. 붓다는 누구보다 통렬히 욕망으로 인해 왜곡된 인간의 시선을 고발하기 때문이다. 붓다는 한치의 미화나 과장 없이 있는 그대로의 세상을 냉철하고 날카롭게 꿰뚫어 본다. 그러면서 우리가 발 딛고 서 있는 이 땅 위에서 살아가는 일, 지금 이 순간을 어떻게 살아 내야 하는지에 대한 답을 들려준다. 여실지견(如實知見), 만약 붓다와 같이 깨어 있는 눈으로 현실을 바라본다면 무엇을 보게 될까. 그것을 그림으로 표현한다면 어떤 모습일까. 귀스타브 쿠르베(Jean Désiré Gustave Courbet, 1819~1877)의 작품에서 우리는 이 질문에 대한 답을 엿볼 수 있다.

프랑스 오르낭에서 농부의 아들로 태어난 귀스타브 쿠르베는 지주이자 부농인 아버지 덕에 유복한 어린 시절을 보낸다. 아름다운 고향의 풍경 속에서 예술적 감흥을 키워 가던 쿠르베는 아버지의 권유로 법학을 전공하기 위해 파리로 가지만 이내 전업 화가로 방향을 튼다. 애초에 법학을 공부하러 간다는 건 구실이었는지 모른다.

파리의 미술관과 박물관을 돌아다니며 다양한 화풍을 보고 익힌 쿠르베는 독학으로 자신만의 화풍을 만들어 간다. 그리고 1847년 프란스 할스와 렘브란트의 화풍이 살아 있는 네덜란드로 가서 또 한 번 견문을 넓힌다. 그의 작품에서 현대 미술사의 다양한 사조가 펼쳐지는 건 결코 우연이 아니다. 비록 쿠르베에 의해 사실주의가 시작되었다고 하지만 이전에 그는 밀레, 벨라스케스에게 영향을 받았고 후대의 예술가들에게도 많은 영감을 주었다.

19세기 회화의 혁명이라고 불릴 만큼 쿠르베는 주류 화풍에 반기를 들었다. 그는 작품에서 분명하고 단호하게 일관된 관점을 보여 준다. 물론 초기에는 현실의 벽을 넘어서기가 쉽지 않았다. 만국박람회에 출품한 작품은 무수한 혹평에 시달려야 했다. 쓸데없이 크기만 할 뿐 아름다움이나 예술성은 찾아볼 수 없다는 이유에서였다. 그렇다고 낙담하고 있을 쿠르베가 아니었다. 후원자의 도움으로 만국박람회장 근처 창고를 빌려 '리얼리즘'이라는 이름의 개인전을 열었는데, 이 전시는 살롱을 중심으로 신인 작가를 등용하던 당시의 제도권 시스템을 뒤흔드는 계기가 된다.

쿠르베는 자신의 그림이 '예술적 아름다움'이 아니라 '사람들이 숨기는 진실'을 추구한다고 선언한다. 그는 신과 영웅의 이야기를 묘사하던 이전 시대의 화법을 추종하길 거부했다. 과장되거나 미화된 허구의 세계가 아니라 있는 그대로의 현실을 표현하고자 한 것이다. 지금 여기에서 벌어지는 사건, 지금 여기에 있는 사물과 사람에 주목하면서 지배계급인 부르주아의 타락상을 고발하는 한편 노동자 계급의 고통에서 눈을 떼지 않았다. 쿠르베의 화두는 평범한 사람들의 현실 그 자체였다. 낭만주의나 신고전주의에서 주목했던 신이나 역사적 영웅, 귀족들은 전혀 안중에 없었다.

쿠르베의 대표작인 〈돌을 깨는 사람들〉, 〈오르낭의 장례식(매장)〉, 〈안녕하세요, 쿠르베 씨〉 등을 보면 신성함이나 화려함은커녕 하나같이 볼품없고 초라한 분위기가 가득하다. 르네상스 시대의 카라바조를 연상시킬 만큼 주류 화풍에 대한 반골 기질이 강했던 쿠르베는 과격함으로 인해 늘 논란과 비난의 중심에 섰다. 여인의 음부를 적나라하게 묘사한 〈세상의 기원〉, 1850년 살롱전에 출품한 〈오르낭의 장례식〉이 그런 작품 중 하나이다.

〈오르낭의 장례식〉은 누구인지도 모를 평범한 사람의 장례식을 거대한 캔버스에 그린 작품이다. 왕, 귀족, 성직자, 영웅의 장례식도 아닌데 마흔여섯 명이나 되는 사람이 화폭을 가득 채우고 있다. 사람들 표정에는 누가 세상을 떠났는지에 대한 궁금증마저 없어 보인다.

〈안녕하세요, 쿠르베 씨〉, 1854

〈오르낭의 장례식〉, 1849~1850

당시 제도권 평론가들에게 장례식은 낯설고 불편한 소재였기에 이 작품은 일언지하에 전시를 거절당한다. 이에 쿠르베는 "오르낭의 매장은 낭만주의의 매장"이라며 자신이 전하고자 한 메시지를 당당하게 직접 기술한다.

〈화가의 아틀리에〉에도 쿠르베의 예술관이 잘 드러난다. 이 작품의 원제는 〈화가의 아틀리에, 나의 7년에 걸친 예술적·윤리적 생활을 요약하는 실재의 우화〉이다. 제목만 봐도 쿠르베가 얼마나 이 작품에 역량을 집약시켰는지 알 수 있다. 가로 6m, 폭 3.6m에 이르는 거대한 캔버스에 묘사된 다양한 인물들의 모습은 매우 사실적이고 구체적이다.

자세히 보면 등장인물부터 구도, 소품에 이르기까지 쿠르베가 의도한 다양한 장치들이 치밀하고 정교하게 배치되어 있음을 알 수 있다. 그림에는 나체의 누드모델이 서 있다. 보통의 그림이라면 이 인물이 주인공이어야 할 것이다. 그런데 엉뚱하게도 화면 중앙에 화가가 한 명 앉아서 그림을 그리고 있다. 심지어 주제는 풍경화다. 화가를 중심으로 왼쪽에는 사냥꾼, 거지 등 남루한 인간 군상들이 그려져 있다. 반면 오른쪽에는 밝은 빛 아래서 책을 읽고 있는 시인 보들레르, 무정부주의자 프루동, 사랑을 속삭이는 젊은 연인이 묘사돼 있다. 한쪽이 생명이라면 다른 한쪽은 죽음을 의미한다. 말하자면 그림 속 화가(아마도 쿠르베 자신)는 섞이기 힘든 두 계층, 혹은 생(生)과 사(死)의 경계에서 세상을 그리고 있는 셈이다.

이것이 우리가 살아가는 삶의 진실이다. 붓다가 한 호흡 사이에 삶과 죽음이 있다고 말했듯이 삶에는 생과 사가 공존한다. 단지 우리가 쉽게 잊어버리거나 불편하다는 이유로 외면하고 있을 뿐이다.

세상의 불의와 부조리에 침묵하지 않고 진실에 대한 감수성을 잃어버리지 않았던 쿠르베는 사회 체제의 변혁에도 적극적으로 참여한다. 1830년 혁명에도 불구하고 변화가 없던 조국의 현실에 분노하면서 1848년 2월 혁명에 가담한다. 노동자와 농민 등 소외된 사람들 편에서 그들의 시선으로 세상을 그려 나간다. 〈돌을 깨는 사람들〉은 이 무렵 출품된 화제작이다.

그림 속 두 인물은 해진 셔츠와 신발에 장갑도 끼지 않은 채 맨손으로 망치를 쥐고 돌을 나르고 있다. 쿠르베는 더럽고 고된 노동의 고통이 고스란히 전해지는 이 장면을 마치 카메라로 클로즈업하듯 대형 캔버스에 그려 놓았다. 이처럼 쿠르베는 세상의 고통을 정면으로 바라보면서 고개를 돌리지 않았다. 그는 말한다. 삶이란 원래 비루하지만 그래도 살아 내야만 하는 것이라고. 왜냐하면 그것이 진실이기 때문이다.

〈화가의 아틀리에〉, 1855

〈돌을 깨는 사람들〉, 1849

소외된 삶을 기록한
연민의 화가

일리야 레핀
Ilya Yefimovich Repin

"나는 미덕보다, 사람들보다,
가족과 친구보다, 어떤 행복이나
기쁨보다 예술을 더 사랑한다.
비밀스럽고 질투심 많게,
고질적인 주정뱅이처럼
나는 예술을 사랑한다."

탐욕, 증오, 어리석음이라는 번뇌는 인간이 살인마저도 서슴지 않게 만든다. 부모·형제 간이라도 예외는 아니다. 인간은 늘 그럴듯한 명분을 내세우지만, 진실은 탐·진·치 삼독(三毒)에 중독됐을 뿐이다. 죽음 앞에서는 아무리 많은 부와 권력도 신기루와 다를 바 없는데도 인간은 그 허상을 움켜쥐기 위해 아귀다툼하듯 팔을 뻗어 허우적댄다. 그러나 그 끝에 남는 것이라곤 후회와 비탄, 현기증 나는 인과응보의 반복밖에 없음을 역사는 잘 보여 준다.

석가모니 붓다 시절, 마가다국 빔비사라 왕과 위제희 왕비는 자식을 얻기 위해 부단히 애를 썼다. 어느 날 빔비사라 왕은 한 관상가로부터 "비구리산에서 수행하고 있는 선인이 죽으면 왕의 아들로 태어날 것"이라는 말을 듣는다. 어리석게도 빔비사라 왕은 하루라도 빨리 아들을 얻으려는 마음에 선인을 살해하고 만다. 빔비사라 왕이 바라던 대로 아들이 태어났지만 기쁨도 잠시, 이내 "전생에 살해당한 원한 때문에 아들이 아버지를 죽이게 될 것"이라는 섬뜩한 예언을 듣게 된다. 분노와 불안에 휩싸인 빔비사라 왕은 아들을 높은 누각에서 떨어뜨려 죽이려 했지만 아들은 손가락만 조금 다쳤을 뿐이다.

시간이 흘러 장성한 아들은 아사세 태자가 되었는데, 제바달다의 꼬임에 빠져 일곱 겹으로 둘러싸인 별궁에 빔비사라 왕을 가둔다. 태자는 아버지를 굶겨 죽일 심산으로 아무도 음식을 들여보내지 못하게 엄명을 내린다. 그때 왕비가 안타까운 마음에 한 가지 묘안을 생각해 낸다. 왕비는 목욕 후 꿀에 반죽한 쌀가루를 몸에 바르고, 장신구 속에 포도주를 담아 빔비사라 왕이 유폐된 처소로 들어간다. 덕분에 빔비사라 왕은 겨우 목숨을 연명할 수 있었다.

하지만 왕이 죽지 않음을 이상하게 여긴 태자가 결국 진상을 알게 되어 어머니 또한 역적으로 몰려 처형될 처지에 내몰린다. 이때 월광과 가비라는 대신이 들어와 태자에게 읍소한다. "대왕이시며, 역사 이래 아들이 아버지를 죽이고 왕이 된 경우는 많았으나 무도하게 어머니마저 죽였다는 말은 들은 바가 없습니다. 대왕께서 지금 그러한 일을 저지른다면 국가적으로 매우 수치스러운 일일뿐더러 차마 신들이 그러한 나라에 더는 머물지 않을 것입니다." 이 말은 들은 태자는 마지못해 어머니를 죽이지 못하고 아버지와 마찬가지로 깊은 별궁에 가두어 버린다.

『관무량수경』이 설해진 배경인 이 이야기는 탐욕, 분노, 어리석음이라는 번뇌가 자기 자신은 물론 주변 사람들을 어떻게 파멸의 길로 몰아가는지를 잘 보여 준다. 이러한 인간의 어두운 내면, 부모 자식조차 가리지 않고 살생을 서슴지 않게 만드는 지독한 욕심과 어리석음을 적나라하게 표현한 화가가 있다. 바로 일리야 레핀(Ilya Yefimovich Repin, 1844~1930)이다. 일리야 레핀은 러시아를 대표하는 사실주의 화가로 알려져 있다. 그러나 레핀은 1844년 우크라이나의 추구예프에서 태어났다. 현재 러시아와 우크라이나 전쟁이 진행 중인 만큼 그의 국적을 분명히 밝혀 둘 필요가 있다.

일리야 레핀은 어려서부터 그림에 탁월한 재능을 보였는데, 훗날 자신의 이름으로 불리게 될 상트페테르부르크 미술 아카데미(현 레핀대)에 합격할 정도였다. 졸업 작품전에 출품한 〈야이로 딸의 부활〉이

〈답장을 쓰는 자포로제의 코사크인들〉, 1880~1891

〈쿠르스크 주의 십자가 행렬〉, 1880~1883

입상하면서 레핀은 유럽으로 연수를 떠나게 되지만 오래지 않아 다시 귀국한다. 러시아로 돌아온 레핀은 정치적 혼란과 사회적 모순 속에서 고통받는 노동자들과 빈민들에 주목한다. 동료들과 '이동전람파[Peredvizhniki, 일명 떠돌이파 또는 방랑파]'를 결성해 러시아 전역을 돌며 민중의 현실을 피부로 느끼는 한편, 소외된 이들의 삶을 기록하듯 사실적으로 그려 나간다.

일리야 레핀은 생전에 인물의 특징을 풍부한 색감으로 사실적으로 묘사하는 데 경지에 이르렀다는 평가를 받았다. 대표작으로 〈볼가강의 배 끄는 인부들〉, 〈쿠르스크 주의 십자가 행렬〉, 〈답장을 쓰는 자포로제의 코사크인들〉 등이 있다. 1894년 모교인 상트페테르부르크 미술 아카데미의 교수로 임용돼 십수 년간 후학을 양성했으며, 1898년 핀란드 대공국 쿠오칼라로 거처를 옮긴 이후 줄곧 그곳에서 생활하다가 86세의 나이로 생을 마감한다.

일리야 레핀은 고통받는 민중들의 삶에 연민의 시선으로 다가갔지만, 당시 사회주의 혁명의 급진성과 과격한 방식에는 동의하지 않았다. 그래서 소련 정권의 수립 이후 거듭된 귀국과 협력 요청에도 응하지 않았다.

〈볼가강의 배 끄는 인부들〉은 민중의 삶을 향한 응원과 희망의 메시지를 담은 레핀의 대표작 중 하나이다. 그림에서 열한 명의 인부가 힘겹게 배를 끌고 있다. 아니, 어쩌면 배를 끌고 있다기보다 배에 결박돼 있다는 표현이 더 어울릴지도 모르겠다. 인부들은 하나같이 지쳐 보인다. 상체를 앞으로 숙여 힘을 실어 보지만 한 발짝도 떼기가

〈볼가강의 배 끄는 인부들〉, 1870~1873

어렵다. 당장이라도 모두 '픽'하고 주저앉아 버릴 듯하다. 인부들의 얼굴은 대부분 까맣게 그을렸고 행색은 초라하기 그지없다. 대열 맨 뒤의 인부는 흡사 유령처럼 삶과 죽음의 경계에 서 있는 듯하다.

푸른 하늘은 인부들이 딛고 있는 황량하고 누르스름한 모래 빛 과 대조를 이루어 그들의 고단하고 비참한 삶을 더욱 적나라하게 강 조한다. 척박하고 메마른 강변은 울퉁불퉁 고르지 못하고, 의지할 만 한 바위나 나무조차 없이 낡아빠진 통발만이 나뒹굴고 있다. 실로 어 둡고 암울한 장면이지만, 그 와중에 분위기를 환기하는 요소가 하나 눈에 들어온다. 파이프를 물고 모자를 쓴 채 얌체처럼 힘을 빼고 서 있는 인부의 모습이다. 이렇듯 작은 위트로 반전을 더함으로써 레핀 은 고단한 삶일지언정 언제나 희망이 있음을 암시한다.

대열 선두에서 인부들을 이끄는 노인의 눈빛에서도 현실 극복 에 대한 굳은 의지가 엿보인다. 실제로 이 인물은 레핀이 가장 존경했 던 성직자인 카닌의 얼굴을 묘사한 것이다. 어쩌면 레핀은 훌륭한 리 더가 등장해 사람들을 이끌어 더 나은 세상으로 나아가길 바라는 자 신의 소망을 이 그림에 투사하고 있는지도 모른다.

일리야 레핀은 노동자와 민중의 고통만이 아니라 지식인의 갈 등과 불안에도 관심을 기울였다. 교유했던 레프 톨스토이, 니콜라이 2세 등 엘리트들을 비롯해 황족과 귀족까지 아우르며 다양한 인물들 의 초상화를 남겼다. 특히 19세기 후반 러시아의 정치적 혼란기 속에 서, 차르 체제에 반대하고 농민운동에 앞장섰던 혁명가들의 고뇌를 따뜻한 시선으로 담아냈다. 그 대표작이 〈아무도 기다리지 않았다〉이

〈아무도 기다리지 않았다〉, 1884~1888

다. 제목만으로도 왠지 모를 슬픔과 안타까움이 전해지는 작품이다.

한 남자가 방안에 들어선다. 갑작스러운 방문에 사람들이 놀라움을 금치 못한다. 상복처럼 보이는 검은색 옷을 입은 두 여인 중 한명이 엉거주춤 굽은 허리를 펴며 자리에서 일어난다. 죽은 줄로만 알았던 아들이 살아 돌아오자, 놀란 나머지 얼어붙어 버린 듯 제자리에서 아들을 쳐다보고 있는 어머니의 모습이다. 문가에 앉은 아내로 보이는 여인의 표정에는 놀라움과 슬픔 혹은 당황스러움이 묻어난다. 엄지와 중지로 의자 팔걸이를 꽉 쥐고 있는 자세에서 그녀가 느끼는 감정의 크기가 고스란히 전해진다. 문을 열어 준 하인들은 조금 경계하는 듯한 눈초리로 남자를 바라보고 있다.

초상화의 대가답게 일리야 레핀은 인물들의 순간적인 표정 변화를 놓치지 않는다. 무엇보다 화면 오른쪽 식탁에 앉아 있는 아들과 딸의 대조적인 반응이 인상적이다. 딸은 남자가 누구인지 알아보지 못하고 낯선 불청객의 등장에 잔뜩 긴장한 채 경계심과 불쾌함을 드러내고 있다. 이를 통해 아마도 남자는 딸이 자신을 기억할 수 없을 만큼 어릴 적에 집을 떠나 유배 생활을 시작했음을 짐작할 수 있다. 반면에 아들은 반가운 듯 미소 지으며 당장이라도 아빠의 품에 달려들 기세다.

이 장면의 중심에 있는 남자의 형형한 눈빛과 푹 팬 눈가의 그늘은 그가 겪은 고초를 짐작게 한다. 우여곡절 끝에 집에 돌아왔지만, 남자는 마음을 내려놓지 못하고 이방인처럼 왼손으로 모자를 움켜쥐고 오른손은 긴장한 듯 주머니 쪽을 지그시 누르고 있다. 이 어색한 순간이 다음 순간 어떤 상황으로 전개될지 아무도 모른다. 다만 등장인물들의 전반적인 태도와 눈빛으로 보아 어떤 의미로든 이들이 남자의 귀환을 기다리지 않았음은 분명해 보인다. 이처럼 레핀은 신념에 가득 찬 지식인이 직면한 난처한 상황을 생생하게 전달한다.

갈등하고 고통받는 인간의 내면을 들여다보는 일리야 레핀의 시선은 노동자, 지식인을 거쳐 절대 권력의 상징인 차르(Tsar)에게로 향한다. 〈이반 뇌제와 그의 아들 이반, 1581년 11월 16일〉은 권력 투쟁의 한가운데서 증오와 복수심을 품고 성장해 폭군이 된 황제 이반 4세가 아들 이바노비치 왕자를 살해한 사건을 묘사한 작품이다. 폭정을 일삼던 이반 4세는 어느 날 아들 집을 방문했다가 임신한 며느리의 복장이 무례하다고 격노하면서 잔인한 폭력을 행사한다. 이에 아들이 항의하고 저주하자, 그는 지팡이로 아들을 내리쳐 살해한다. 작품은 황제가 아들을 살해한 직후 뒤늦게 현실을 자각하고, 아들을 부둥켜안은 채 자신이 저지른 끔찍한 만행에 대한 공포에 휩싸여 비통해하는 모습을 그리고 있다.

이반 4세의 넋 나간 눈빛은 우리에게 많은 것을 이야기해 준다. 그의 눈빛은 누각에서 어린 아들을 떨어뜨려 죽이려 한 빔비사라 왕의 눈빛이자 반대로 아버지인 빔비사라 왕을 굶겨 죽이려 한 아사세 태자의 눈빛이기도 하다. 또한 최근의 수많은 전쟁과 재난, 사고가 만들어 낸 죽음의 진실 앞에서 침묵하거나 외면하는 우리의 눈빛이기도 하다. 결국 레핀이 캔버스라는 거울을 통해 우리에게 보여 주고자 했던 것은 타인의 고통을 외면한 대가가 얼마나 참혹한지, 그리고 뒤

〈이반 뇌제와 그의 아들 이반, 1581년 11월 16일〉, 1883~1885

늦은 후회가 얼마나 고통스러운지에 대한 서늘한 경책일 것이다. 피로 얼룩진 아들을 끌어안은 황제의 허망한 손짓과 절규는 박제된 역사가 아니라, 반복되는 폭력과 야만 그리고 그 앞에서 침묵하는 우리의 양심을 향해 던지는 날카로운 죽비소리다. 그 끔찍한 눈빛과 마주하며 전율하는 순간, 비로소 우리는 타인의 고통을 나의 것으로 받아들이는 연민의 눈을 뜨게 된다.

현실보다 더 실감 나는
내면의 세계

윌리엄 터너
Joseph Mallord William Turner

"내 일은 내가 아는 것이 아니라
내가 보는 것을 그리는 것이다."

화가는 눈에 비친 세상을 그리는 걸까 아니면 마음에서 떠올린 세상을 그리는 걸까. 사람들은 보통 사물을 볼 때, 보이는 대상이 우리의 인식 작용과는 무관하게 존재하며 눈을 통해 들어온 시각 정보를 실재라고 여긴다. 그러나 불교의 유식(唯識) 전통에서는 이와는 반대로 보이는 것은 실재가 아니며 식(識)의 작용일 뿐이라고 말한다. 여기서 '식'은 마음의 인식 작용인 '심식(心識)'을 뜻한다. 즉, 인식 대상은 마음의 작용에 의해 투사된 것이라는 게 유식의 관점이다. 만약 그렇다면 본다는 것은 마음의 출력 작용, 주관적 마음 상태의 발현이라고 할 수 있다.

그렇다고 해서 바깥세상을 부정하는 것은 아니다. 단지 마음의 인식 작용과 바깥의 대상이 서로 분리되어 있지 않음을 일깨우는 것이다. 사물을 묘사한 예술 작품 또한 보는 사람의 시각에 따라 주관적으로 해석이 달라지고 시간이 흐르면서 수없이 재해석된다. 사물의 색채조차 독립적이지 않으며, 보는 사람의 시선과 관계성에 의해 제각기 다른 색채 현상이 나타난다. 결국 물질이든 정신이든 색채든, 마음을 벗어나 독립적으로 존재하는 것은 아무것도 없다.

『대방광불화엄경』「야마천궁게찬품」에 이런 게송이 나온다. "마음은 화가와 같아서 모든 세간을 그려 내나니, 오온이 마음에 따라 생겨나서 무슨 법이든 짓지 못하는 것이 없도다." 그림은 물에 비친 영상처럼 사물을 있는 그대로 반영하는 것이 아니라 마음과 대상이 만나 빚어낸 결과물이다. 이러한 맥락에서, 사물이나 풍광을 과학적 사실에 근접한 모습으로 재현하려 했던 이전 시대의 전통을 거부하고 사물과 눈 사이의 연기(緣起)적 관계 속에서 색채를 포착하고 표현한 예술가들이 있다. 그 중심에 윌리엄 터너가 있다.

> "영국 문학에 윌리엄 셰익스피어가 있다면
> 영국 풍경화에는 윌리엄 터너가 있다."
>
> - 영국 내셔널갤러리 기획전

윌리엄 터너(Joseph Mallord William Turner, 1775~1851)는 영국 근대 미술의 아버지이자 국민 작가로서 지금도 영국인이 가장 사랑하는 화가이다. 터너는 1775년 런던 템스강 북쪽 코벤트 가든에서 태어났다. 이발사인 아버지와 정신질환을 앓고 있는 어머니 밑에서 자란 그는, 비록 부유한 가정 형편은 아니었지만 유년 시절부터 그림에 뛰어난 재능을 인정받아 아버지로부터 전폭적인 지지를 받는다. 아버지는 아들을 무척 자랑스러워했으며 이발소에 터너의 그림을 걸어 두고 팔기까지 할 정도였다.

터너는 런던 교외에 사는 삼촌 집에 머무는 동안 아름다운 자연 풍광에 매료되었다. 이때 습작한 수많은 풍경 스케치는 훗날 풍경화 하면 윌리엄 터너를 떠올리게끔 만들어 준 밑거름이었다. 워낙 재능이 출중했던지라 터너는 일찌감치 그 천재성을 인정받았다. 열네 살 때 당대 최고 권위의 왕립 미술원에 입학해 스물일곱 살에 정회원으로 선출되었으며, 이와 동시에 왕립 미술원에 원근법 교수로 부임한다.

〈자화상〉은 터너가 스물네 살 때 그린 작품으로 당시 그가 얼마

〈자화상〉, 1799

나 자신만만했는지를 잘 보여 준다. 반짝이는 눈동자에서 천재의 총기와 반항적인 면모를 읽을 수 있다. 1802년 프랑스로 건너가 작품 활동을 시작한 초기에는 고전적 색채의 풍경화로 주목받았으나 점차 자연주의를 넘어 낭만주의에 심취하게 된다. 특히 1819년 이탈리아를 여행하면서, 이전보다 훨씬 단순해진 구도와 빛에 따라 시시각각 변화하는 사물의 색채를 깊이 있게 표현한 작품을 선보이면서 대가로서의 면모를 드러낸다.

1851년 런던의 한 여인숙에서 눈을 감기 전까지 터너는 수많은 작품을 남긴다. 대표작을 꼽자면 스스로 최고의 작품이라고 인정한 〈해체를 위해 마지막 정박지로 예인되는 전함 테메레르〉가 있다. 이 외에도 〈창백한 말 위의 죽음〉, 〈수장[Peace-Burial at Sea]〉, 〈노예선〉, 〈비, 증기, 그리고 속도-대 서부 철도〉 등 여러 작품이 있다.

〈눈보라: 항구를 떠나가는 증기선〉은 한눈에 봐도 거센 폭풍 혹은 눈보라를 표현한 그림임을 직관적으로 알 수 있다. 그림 한 장이 뿜어내는 에너지가 이토록 강렬하고 거대할 수 있을까. 미처 감탄을 자아내기도 전에 급박한 긴장감이 온몸으로 전해진다. 구체적인 윤곽선이나 형상은 알아보기 어렵다. 거센 소용돌이 속에서 하늘과 바다의 경계는 사라져 버렸고, 긁힌 듯 곳곳에 이어진 하얀 점들만이 눈보라 치는 궂은 날씨를 말해 주고 있다.

또한 중앙에 어렴풋이 보이는 깃발을 통해 격랑이 이는 바다에 작은 배 한 척이 위태롭게 휘청거리고 있음을 알아볼 수 있다. 정상적인 항해를 장담할 수 없는 긴박한 상황, 증기선이 내뿜는 짙은 연기가 하늘 높이 요동치는 가운데 바다 표면에 드리운 그림자가 얼음장처럼 차갑고 시리다. 거센 폭풍과 파도 그리고 눈보라가 모든 것을 집어삼키고 있다.

이 그림을 그리기 위해, 터너는 선원들에게 자신을 돛대에 묶어 달라고 부탁한 다음 네 시간 동안 직접 눈보라를 맞았다. 눈조차 제대로 뜰 수 없을 만큼 거센 폭풍이 몰아치던 때, 터너의 눈에 비친 세상은 이러했다. 여기서 대상을 얼마나 정교하게 묘사했는지는 중요하지 않다. 절체절명의 순간, 터너의 내면에서 느끼고 바라본 세상은 실사(實寫)보다 더 큰 장엄함과 경이로움으로 다가온다. 말년인 77세 때 그린 이 작품은 세월이 흐르는 동안 점차 변화해 온 터너의 화풍이 어디에 이르렀는지를 잘 보여 준다. 세부적인 묘사가 과감히 생략된 자리에는 빛이 색채가 되어 춤을 추듯 살아 움직인다.

터너의 독특한 화풍은 〈비, 증기, 그리고 속도-대 서부 철도〉에서도 잘 드러난다. 이 그림은 어린 시절 템스강을 가로지르는 증기기관차에 올라탔던 경험을 되살린 작품이다. 런던의 대기를 가득 채운 습한 안개가 비와 증기, 증기기관차 사이의 공백을 메우고 있다. 비록 작품명에 언급되지는 않았지만 안개야말로 이 작품의 진짜 주인공이다. 희뿌연 안개가 하늘과 구름을 상징하는 파란색과 하얀색, 강물의 빛깔, 철로, 기관차의 색채를 모조리 빨아들였다가 노란색과 갈색으로 토해 내고 있다.

홀로 강에 떠 있는 조각배가 이 그림이 풍경화임을 일깨워 준다. 〈눈보라〉의 증기선 깃발처럼 유독 선명한 증기기관차의 검은 연통,

〈눈보라: 항구를 떠나가는 증기선〉, 1842

〈비, 증기, 그리고 속도-대 서부 철도〉, 1844

그 위로 살짝 보이는 흰 연기는 그림에 속도감을 더한다. 순식간에 지나쳐 버릴 증기기관차의 등장에만 집중할 뿐, 그 외에 시공간의 논리적 묘사는 축소되거나 생략된다. 적어도 이 순간 터너의 눈에 비친 런던의 하늘, 안개의 부피감과 질감은 이러했을 것이다.

터너는 추상성만으로 작품을 일관하지 않았다. 예를 들어, 젊은 시절에 그가 가장 사랑했던 작품인 〈해체를 위해 마지막 정박지로 예인되는 전함 테메레르〉의 경우 선명하고 구체적인 묘사와 정교한 원근법이 조화를 이룬 걸작이다.

어느 날 우연히, 터너는 과거 트라팔가르 해전에서 나폴레옹의 전함들을 물리치는 눈부신 공을 세운 전함 테메레르가 선박 해체장으로 예인돼 가는 장면을 보고 깊은 인상을 받는다. 전장을 누비던 혈기 왕성했던 장수가 백발노인이 되어 지팡이를 짚고 겨우 걸어가듯이, 한때 승리와 영광의 상징이었던 전함 테메레르가 잿빛으로 퇴색해 예인선에 의지한 채 운명을 마감할 준비를 하고 있다. 저 멀리 붉게 물든 노을이 향수를 자극한다. 반대로 새로운 시대의 서막을 예고하듯, 작지만 힘차게 물살을 헤치고 나가는 증기 예인선의 모습이 수면에 또렷하게 비치고 있다. 과거, 현재, 미래가 한 장면에 모두 담겨 있다.

"돈을 주거나 혹은 부탁한다고 해도 내가 사랑하는 이 그림을 누구에게도 빌려주지 않을 것이다"라고 말할 만큼 터너는 이 작품에 유독 강한 애착을 보였다. 실제로도 그림을 팔지 않았다. 물론 터너가 팔지 않은 그림은 이 외에도 여러 작품이 있다. 생전에 그는 자신의

〈해체를 위해 마지막 정박지로 예인되는 전함 테메레르〉, 1838

작품을 영국 정부에 기증했는데, 현재 테이트 브리튼 미술관에서 작품을 소장 및 전시하고 있다. 이렇듯 마지막까지 세상에 큰 울림을 남긴 윌리엄 터너는 전통을 넘어 '세상을 바라보는 새로운 방식'을 알려준 화가로 사람들에게 기억되고 있다.

자욱한 안개 사이로, 템스강을 따라 걷던 한 사내가 뒤돌아서 우리에게 말을 건넨다.

"지금 무엇을 보고 있나요? 보이는 것은 대상입니까,
아니면 당신의 마음입니까? 아니면 둘 다인가요?"

고요한 일상의 숭고함을
포착하다

요하네스 페르메이르

Johannes Vermeer

"〈델프트의 풍경〉을 본 후,
나는 세상에서 가장 아름다운
그림을 봤다는 사실을 깨달았다."
– 마르셀 프루스트

매일 쳇바퀴 돌 듯 출퇴근과 일과를 반복하다 보면 흥미나 열정을 느끼지 못한 채 기계적으로 살아가는 자신을 발견하곤 한다. 그럴 때마다 우리는 뭔가 특별하고 거창한 인생이란 게 따로 있을 것이라는 환상을 품게 된다. 과연 그럴까. 만약 마조도일 스님에게 이런 푸념을 늘어놓는다면 단박에 죽비로 맞을 일이다.

> "만약 도(道)를 알고자 한다면 평상심이 바로 도다. 평
> 상심이란 무엇인가? 무언가를 지어내거나, 옳고 그름
> 을 따지거나, 취하거나 버리거나, 속되거나 성스러움이
> 따로 없음을 말한다."

마조 스님은 도(道)를 대상화해서 쫓아가면 마음만 오염될 뿐이라며 애써 도를 닦을 필요가 없다고 가르친다. 특별한 것을 찾으려고 하지 말고, 무엇을 하든 지금 이 자리에서 오롯이 마음을 모으는 것이 깨달음이라는 가르침이다. 다만 여기서 말하는 평상심은 일반적인 마음 상태를 의미하지 않는다. 바른 집중을 통해 나와 외부 세계의 경계가 사라져 둘이 아닌 하나가 되는 마음을 말한다. 진리는 멀리 있지 않다. 일상에 몰입하면 저절로 드러난다. 오래전 그림을 통해 이러한 단순한 이치, 우리 삶에 스며 있는 진리를 보여 준 화가가 있다. 밝은 빛으로 일상을 비추어 매 순간이 경이로움으로 가득 차 있음을 표현했던 요하네스 페르메이르(Johannes Vermeer, 1632~1675)다.

　네덜란드 델프트 출신의 페르메이르는 17세기를 대표하는 화가

다. 페르메이르에 관해서는 알려진 바가 많지 않아서 그의 삶을 추적하기가 쉽지 않다. 미술사가들의 노력으로 극히 적은 사료 대조를 통해 유추하듯 그 일부분이 밝혀졌을 뿐이다. 달리 말하면, 페르메이르에 관해 후대의 상상력이 개입되었을 가능성이 크다는 뜻이기도 하다. 그런 탓인지 지금껏 페르메이르의 생애는 영화와 소설 등에서 다양한 모습으로 다루어졌다.

페르메이르의 스승과 제자가 누구인지, 어떤 삶을 살았는지에 대한 확실한 기록은 찾아보기 어렵다. 생몰연대, 델프트 화가 조합인 루가 길드 소속이었다는 사실, 평생 남긴 작품의 수가 37점에 불과하다는 점 등이 확인되었을 뿐 나머지는 여전히 학계의 연구가 진행 중이다. 다만 그가 슬하에 열한 명의 자녀를 둔 가장이었음을 고려하면, 작업 환경이 그다지 녹록지 않았을 것임을 짐작할 수 있다.

페르메이르의 작품은 백성의 일상 정경을 그린 장르화[genre painting]가 대다수를 차지한다. 〈우유를 따르는 하녀〉, 〈진주 무게를 재는 여인〉, 〈레이스를 뜨는 소녀〉, 〈화가의 아틀리에〉 등의 작품에서 드러나듯이 페르메이르는 빛을 이용한 맑고 은은한 색채를 통해 평범한 순간에 특별한 생동감을 불어넣는 마법을 부린다. 그의 시선은 거대한 서사를 담은 역사화나 성경의 내용을 담은 종교화가 아닌 주변 사물과 사람들에 머물러 있다. 그렇다고 해서 일상의 모습만을 그린 것은 아니다. 성서화는 물론이고 델프트시 정경을 그린 풍경화 〈델프트의 풍경〉도 빼놓을 수 없는 걸작이다.

일상의 화가로서 페르메이르의 스타일을 잘 보여 주는 작품이

〈델프트의 풍경〉, 1660~1661

〈편지를 읽는 여인〉, 1663

161

〈편지를 읽는 여인〉이다. 그림 속 한 여인이 양손으로 조심스레 편지를 들어 읽고 있다. 라피스 라줄리(Lapis Lazuli) 빛의 블라우스가 유난히 눈에 띈다. 임신부처럼 보이는 여인은 가사의 고단함도 잊은 채 편지에 온 마음이 가 있다. 조금 전까지 설거지나 바닥 청소를 하다가 온 듯 소매 깃이 한껏 위로 접혀 있다. 주변에 놓인 의자는 여인의 상의와 비슷한 청금색이다. 창가로 들어온 빛이 의자에 반사된 것인지 왼쪽 벽 상단부터 가운데까지 푸른빛이 감돌고 있다.

가사 노동으로 인한 거친 호흡을 진정시킬 겨를도 없이 그녀는 중요한 서신을 들고 빛이 들어오는 창가 앞으로 간다. 그리고 한 줄 한 줄 또박또박 편지를 읽어 내려간다. 살짝 벌린 입술을 통해 이 순간 그녀가 얼마나 집중하고 몰입하고 있는지를 알 수 있다. 먼 항해를 떠난 남편, 사랑을 속삭이는 연인, 혹은 전쟁터로 떠나보낸 아들이 보낸 편지일까. 어느 쪽이든 누군가의 소식을 애타게 기다리는 마음이 여인의 심장을 쿵쾅거리게 했으리라.

과연 편지를 다 읽은 후에 여인이 미소를 짓게 될지 아니면 의자에 털썩 주저앉아 눈물을 흘리게 될지 알 수 없다. 다만 그 직전의 궁금증과 긴장이 최고조에 이른 것만은 분명하다. 일상적인 공간과 인물, 소품을 활용해 이토록 생동감 넘치는 긴장감을 연출해 낸 페르메이르의 내공이 놀랍기만 하다. 어쩌면 페르메이르가 만들었다기보다 잘 포착했다는 표현이 더 정확할 것이다. 알고 보면 늘 빛나고 있는 우리 일상의 눈부신 한 장면을 말이다.

주변 사물과 사람들을 향한 페르메이르의 따뜻한 시선은 〈우유

〈우유를 따르는 하녀〉, 1658

를 따르는 하녀〉에서 절정을 이룬다. 장면 자체는 거창하거나 의미심장하지 않다. 하녀로 보이는 한 여인이 우유를 따르고 있을 뿐이다. 하지만 아침 식사를 준비하면서 우유를 따르는 여인의 시선, 노동으로 단련된 팔근육에서 전해지는 집중의 느낌이 보는 이에게 고요와 숭고함을 자아내게 한다.

페르메이르는 스푸마토(Sfumato, 물체의 윤곽선을 자연스럽게 번지듯 그리는 명암법) 기법을 이용해 작은 부엌에 고요하고 평온한 분위기를 연출한다. 전통 한지 창을 통과해 들어온 아침햇살 같은 따스한 눈부심이 그림 전체에 가득하다. 창틀과 바구니 아랫부분에 표현된 음영은 밝은 빛과 은은하게 대비를 이룬다. 좁은 부엌에 있는 몇몇 소품들, 식탁 위에 놓인 빵의 질감, 벽에 난 못 자국마저 저마다의 역할을 다하고 있다.

여인은 정성껏 우유를 따르고 있다. 행여나 우유를 따르는 도중에 흘러내릴까 봐 두건 앞을 한 겹 접어 올렸다. 그 덕에 평소에는 감추어져 있을 볼록한 이마가 훤히 드러난다. 그녀의 시선은 우유 줄기에 고정돼 있다. 한 방울도 그릇 밖으로 흘려서는 안 되며, 또한 지나치게 많거나 적어서도 안 되기에 집중하지 않을 수 없다. 이 순간 여인의 마음은 우유에 몰입돼 있다. 자신을 잊고, 우유를 따른다는 생각도 잊고, 근심이나 걱정·불안 등 잡념도 없고, 노동의 고단함조차 느낄 새가 없다. 오직 따를 뿐이다.

평범함을 비범함으로 탈바꿈시키는 페르메이르의 능력은 그의 가장 유명한 작품인 〈진주 귀걸이를 한 소녀〉에서도 잘 드러난다. 심

〈진주 귀걸이를 한 소녀〉, 1665

지어 이 작품은 주변에 사물이 없는 다소 정적인 인물화임에도 페르메이르만의 남다른 감각이 녹아나 독특한 뉘앙스를 풍긴다.

소녀는 조금 전 누군가로부터 사랑 고백이라도 받은 듯 망설이고 있다. 고개를 돌린 채 말할까 말까 입술을 달싹이는 듯하다. 소녀에게 말을 건넨 사람은 애타게 대답을 기다리며 미세하게 떨리는 소녀의 입술을 뚫어지게 응시하고 있으리라. 일순간 모든 것이 멈춘 듯 정적이 흐른다. 소녀의 반짝이는 입술과 눈빛, 귀에 걸린 진주 귀걸이를 자세히 들여다보면 놀랍게도 한두 번의 붓 터치로 채색을 끝냈음을 알 수 있다. 여기에 스푸마토 기법으로 윤곽선을 부드럽고 섬세하게 묘사함으로써 전체적으로 은은하면서도 평온한 분위기를 더했다. 비록 이 소녀가 누구인지는 알려진 바가 없지만, 소녀를 향한 페르메이르의 사랑스러운 시선만큼은 감출 길이 없어 보인다.

페르메이르는 이처럼 극히 평범한 일상의 순간을 결정적인 순간으로 전환한다. 이로써 매 순간이 경이로움으로 가득 차 있음을 일깨워 준다. 페르메이르는 우리가 익숙하다거나 보잘것없다고 여기는 것들을 무심코 지나치지 않았다. 슬로비디오처럼 혹은 스틸 사진처럼 그 순간을 포착해 거기에 깃든 특별함을 찾아냄으로써 삶을 고양할 수 있음을 보여 주었다. 지금 이 순간에 몰입하면 저절로 진리가 드러난다던 마조 스님의 말씀처럼 말이다.

한순간의 멈춤과 마음챙김만으로도 얼마든지 충만함을 누릴 수 있다. 넋 놓고 있으면 덧없이 흘러가는 게 인생이다. 특별하고 진귀한 무언가를 갈구하기 전에, 이 순간 살아 숨 쉬는 호흡에서 일상의 경이로움을 만끽해 보라. 페르메이르의 스푸마토 기법처럼, 숨을 천천히… 깊이… 부드럽게… 섬세하게… 반복적으로 들이마시고 내쉬어 보라. 그 순간 삶이 더없이 고요하고 평온하며, 마치 영원처럼 느껴질 것이다.

아름다움과 추함이
교차하는 순간의 긴장감

에드가 드가
Edgar Degas

"예술은 아름다움으로
고통을 지배한다."

수행자들은 궁극의 진리를 추구하며 뼈를 깎는 자기 극복의 과정을 반복한다. 그러나 깨달음의 길은 멀고 인생은 짧기만 하다. 그나마 깨달은 스승의 가르침과 덕행에 의지해 진리가 눈앞에 드러나 있음을 간접적으로 짐작해 볼 뿐이다. 스승들은 하나같이 진리가 따로 있는 것이 아니라 '분별심을 내지 않으면 그것이 바로 도(道)'라고 가르친다. 좋음과 나쁨, 숭고함과 추악함, 귀함과 천함, 사랑과 증오 같은 분별하는 마음이 생기기 이전의 마음에 관해 말하는 것이다.

우리는 삶에서 얼마나 많은 분별을 하는가. 정의를 위한다는 명분으로, 정치나 종교적 신념을 위한다는 명분으로, 민족을 위한다는 명분으로 서로를 구별하고 차별한다. 이는 자기 기준에 부합하지 않는 것들을 제거해 나가면 마침내 이상적인 상태에 도달할 수 있으리란 생각에서 비롯된 어리석은 행동이다.

중국 수나라 양제 때 승찬 스님은 『신심명』을 지어 다음과 같이 경책했다. "도에 이르기는 어렵지 않으니, 오직 가려서 선택함을 꺼릴 뿐이다. 다만 미워하고 사랑하지 않는다면 통연히 밝으리라." 승찬 스님은 분별하는 이분법적 사유로부터 고통이 초래되며, 여기에서 벗어나고자 한다면 대립적 경계를 허물어 마음속 분별이 시작되는 이전 자리를 참구하라고 설한다. 깨달음은 긴 여정 끝에 맞닥뜨리는 '결승점'이 아니라 지금 이 순간 사량분별(思量分別)을 끊었을 때 마주하게 되는 곳, 즉 마음이 일어나는 근원에 자리하고 있음을 밝힌 것이다.

우리가 좋다 나쁘다, 착하다 악하다, 아름답다 추하다고 생각하고 말하고 판단하는 것들은 본래 그렇게 나누어져 있는 것이 아니다

[不二]. 지극히 주관적이며 상대적인 분별일 뿐이다. 따라서 한쪽으로 치우치지 않은 마음[中道]이야말로 본질에 다가서는 최고의 방편이다. 이처럼 어느 한쪽만을 고집하지 않고 아름다움과 추함, 드러난 환상과 감춰진 현실을 두루 담아냄으로써 인생의 통찰을 전해 준 화가가 있다. 바로 에드가 드가(Edgar Degas, 1834~1917)다.

에드가 드가는 1834년 파리의 한 유복한 가정에서 태어났다. 처음에는 명문가 출신들이 선호하는 법학을 전공했지만, 이내 미술로 전향해 본격적으로 작품 활동을 시작한다. 드가는 들라크루아와 앵그르 등 선배 화가들로부터 예술적 영감을 얻고, 1856년 이탈리아 피렌체·나폴리·아시시·로마 등지를 여행하며 예술가로서 시야를 넓혀 나간다. 특히 루브르 박물관을 비롯한 유럽 각지의 미술관에서 만난 르네상스 미술과 프랑스 고전주의 작품을 하나하나 모사(模寫)하면서 자신이 선호하는 묘사가 무엇인지 점차 자각하게 된다. 그것은 움직임과 움직임 속에 드러난 곡선의 아름다움이었다. 훗날 드가가 남긴 발레리나 연작과 경마 연작을 보면 이를 확인할 수 있다.

드가가 전성기를 누리던 때는 프랑스어로 '아름다운 시절'을 뜻하는 '벨 에포크' 시대였다. 19세기 말부터 제1차 세계대전이 발발하기 전까지 유럽은 평화로움 속에 발전과 번영을 누리고 있었다. 드가 역시 파리에서 만개한 예술적 실험의 중심에서 활동했다. 하지만 호시절에도 어두운 이면이 존재했으니, 극심한 빈부 격차와 불평등으로 인해 노동자와 도시 빈민의 삶은 처참한 지경이었다. 드가의 눈에 비친 벨 에포크의 자화상은 희망과 절망, 풍요와 빈곤, 선과 악이 뒤엉킨 모습이었다. 그래서일까. 드가의 작품에는 겉으로 드러난 아름다움과 그 이면에 감춰진 고통이 하나의 캔버스 위에 공존한다.

　　보통 드가를 인상주의 화가로 분류하지만 정작 본인은 이를 달가워하지 않았다. '인상주의'라는 말 자체를 싫어할 정도였다. 대신 드가는 스스로를 '사실주의'로 규정한다. 그럴 만도 한 것이 드가의 작품세계는 알려진 것보다 훨씬 다양하고 독창적이다. 무엇보다 드가는 인상주의 작품에서 드러나는 자연 풍경이나 색채에 대한 지나친 강조를 불편하게 여겼다. 물론 인상주의 화가들의 후견인을 자처하거나 그들의 전시회에 동참하는 등 인상주의 그룹과 깊은 연결고리를 가지고 있기는 했지만, 그렇다고 해서 드가를 인상주의로 귀속하기에는 작품이 보여 주는 스펙트럼이 무척이나 폭넓다. 그래서 오늘날까지 드가를 둘러싸고 여러 가지 논쟁이 계속되고 있다.

　　젊은 시절 드가는 고집 세고 냉소적이었지만 말년에는 르누아르나 마네 등과 교류하며 사교적으로 지낸다. 또 나이가 들면서 점차 시력을 잃어 가는 와중에도 커다란 화폭에 파스텔화 작업을 이어 가는 등 마지막 순간까지 그림에 대한 열정을 놓지 않았다. 그러다 1917년, 이미 저물어 버린 '벨 에포크'의 뒤를 따르듯 그 또한 세상을 떠난다.

　　미술사에서 '발레' 하면 제일 먼저 떠오르는 화가가 드가다. 생전 드가는 발레리나들의 다채로운 모습을 연작 형식으로 캔버스에 담아냈는데, 흥미롭게도 실제 공연보다 이를 준비하고 훈련하는 장면을 즐겨 묘사했다.

　　〈스타(무대 위의 무용수)〉는 프리마돈나가 무대 위에서 홀로 우아

〈스타(무대 위의 무용수)〉, 1878

한 포즈를 취하는 순간을 포착하고 있다. 무용수는 극장 천장에 시선을 향한 채 두 팔을 벌려 발끝으로 중심을 잡고 서 있다. 빨갛고 노란 꽃장식이 그녀를 일반 무용수와 구별해 주고 있으며, 목을 장식한 검정 리본 자락이 동적인 속도감과 도약의 느낌을 더해 준다. 이 순간 관객들은 숨을 죽이고 프리마돈나의 동작에 시선을 고정하고 있을 것이다. 한편 무대 왼편에는 검은색 양복을 입은 남성이 그려져 있는데, 커튼 뒤로 가려진 얼굴이 궁금증과 함께 묘한 긴장감을 불러일으킨다. 짐작건대 그는 발레리나의 후원자가 아닐까 싶다.

화려한 발레리나와 그 뒤에 선 어두운 그림자, 이처럼 서로 어울릴 것 같지 않은 상반된 이미지는 〈무대 위의 리허설〉에서도 발견된다. 공연을 앞두고 한창 리허설 중인 발레리나들 저편에 신스틸러(scene-stealer)처럼 시선을 빼앗는 두 남성이 등장한다. 한 명은 의자를 돌려 앉은 채 집중해서 발레리나들을 관찰하고 있고, 다른 한 명은 귀찮다는 듯 배를 내밀고 앉아서 다리를 꼰 채 발레리나들의 동작을 지켜보고 있다.

〈스타〉와 〈무대 위의 리허설〉 두 작품 모두에서 하얀 발레복과 검은 양복은 대조를 이루며 현실에 공존하는 순수함과 추악함을 생생하게 묘사한다. 드가는 이들 그림을 통해 일상에 태연하게 도사린 긴장감을 찾아내게 만든다. 발레리나의 아름다운 겉모습 이면에 묻어나는 인생의 고단함과 씁쓸함, 그리고 그들을 오직 성적 욕망의 대상으로 바라보는 남성들을 향한 조롱과 비난이 뒤섞여 있는 듯하다.

드가는 벨 에포크의 그늘진 영역에서 매일 살아남기 위해 분투

〈무대 위의 리허설〉, 1878~1879

했던 소외된 사람들, 특히 세탁부와 매춘부의 모습도 자주 화폭에 담아냈다. 〈압생트〉에서는 권태로움, 피곤, 무기력이 느껴진다. 카페에 나란히 앉아 있는 남성과 여성, 그 가운데 여성의 직업이 무엇인지는 대충 짐작이 간다. 남성은 충혈된 눈으로 무언가를 불만스럽게 쳐다보고 있다. 화면 아래쪽 테이블 위에 신문이 놓여 있는 걸로 보아 시간대는 아침인 듯한데, 이들은 여전히 술집에서 독한 압생트를 마시고 있다. 잠에 취한 것인지 술에 취한 것인지 알 수 없는 남녀의 얼굴이 참으로 묘하다. 비슷한 듯하면서도 사뭇 다른 두 사람의 분위기가 일련의 발레리나 그림과는 또 다른 긴장감을 불러일으킨다.

〈다림질하는 여인들〉에 묘사된 순간도 이와 크게 다르지 않다. 한 여인은 와인 병을 손에 쥔 채 늘어지게 하품을 하며 기지개를 켜고 있다. 오른쪽 여인은 고개를 푹 숙인 채 힘껏 다림질을 하고 있다. 한 사람은 완전히 풀어져 있고 다른 한 사람은 완전히 조여져 있다. 이러한 대조가 가져다주는 긴장감으로 인해 감상자들은 쉽사리 작품에서 눈을 떼지 못한다.

이처럼 드가는 상반되고 대조되는 현상과 상태를 은밀한 긴장감으로 드러낸다. 그런데 이러한 극적 대비는 화폭 안에서 조화를 이루어 사실은 상반될 것도 대조될 것도 없음을 말해 준다. 아름다움과 그 이면의 고통, 화려함과 그 뒤에 가려진 냉혹한 현실, 원래부터 이는 둘이 아닌 하나다. 그것이 삶이다. 드가는 그림을 방편으로 삼아 그 모든 것을 끌어안는다.

〈압생트〉, 1875~1876

〈다림질하는 여인들〉, 1884~1886

익숙한 것을 향한
낯선 시선

에두아르 마네
Édouard Manet

"같은 시대 사람들의
영혼을 표현하는 것만이
나의 관심사다."

"모르겠어, 아무래도 모르겠어." 전란이 끊이지 않던 헤이안 시대 교토. 한 승려가 금방이라도 쓰러질 듯한 나생문(羅生門, 라쇼몽) 처마 아래서 연신 중얼거린다. 하늘이 뚫린 듯 폭우가 쏟아지는 가운데, 승려의 혼잣말에 호기심이 생긴 한 남자의 질문에 승려는 자신이 목격한 수수께끼 같은 일을 이야기한다.

어느 날 한 사무라이가 아내와 함께 숲길을 걷고 있었다. 그때 산적이 나타나 사무라이를 제압하고 아내를 겁탈한다. 이후 나무꾼이 우연히 사무라이의 시체를 발견하고 관아에 알린다. 산적은 체포됐고 사무라이의 아내도 관아로 잡혀 오면서 사건에 대한 심문이 시작된다. 단순 살인 사건인 듯 보였지만 당사자들의 증언이 엇갈리면서 이야기는 예상치 못한 방향으로 전개된다.

산적은 사무라이의 아내가 자신의 유혹에 넘어갔으며, 사무라이의 죽음은 자신과의 결투 때문이었다고 진술한다. 이와 달리 사무라이의 아내는 산적이 자신을 겁탈했으며, 남편의 경멸하는 듯한 눈빛에 분노가 치밀어 남편을 죽이려다 실신했다고 말한다. 더욱 흥미로운 건 무당을 통해 사무라이의 영혼을 불러와 진술을 듣는 대목이다. 죽은 사무라이에 따르면, 아내가 자신을 배신하고 도망쳤으며 산적이 마음을 바꿔 자신을 풀어 주었으나 자괴감에 빠져 자결했다는 것이다.

살인 사건에 연루된 당사자들뿐만 아니라 사건을 목격한 나무꾼, 행인, 승려, 산적을 붙잡은 사람들까지 모두 제각각 다른 진술을 한다. 누군가 거짓말을 하고 있거나, 아니면 모두가 거짓말을 하고 있느지도 모른다. 하나의 사건을 두고, 각자의 시선에 따라 서사가 달라지고 진실은 왜곡된다. 끝내 이 사건은 해결되지 못한 채 미궁에 빠져버린다.

이 이야기는 구로사와 아키라 감독의 영화 〈라쇼몽〉의 줄거리다. 하나의 현상이 왜곡되는 과정을 다양한 관점에서 서술하는, 이른바 '라쇼몽 기법[Rashomon effect]'의 유래가 된 작품이다. 일반적으로 영화는 하나의 시점, 곧 시간의 경과에 따라 이야기가 전개된다. 반면 회화에서는 평면 안에 다양한 시점을 동시에 묘사하기도 한다. 이것이 영화와 다른 회화만의 고유성이다. 회화는 동시에 여러 시점을 드러냄으로써 감상자에게 대상을 본다는 것, 사실을 본다는 것이 무엇을 의미하는지 역으로 질문하기도 한다. 에두아르 마네처럼 말이다.

에두아르 마네(Édouard Manet, 1832~1883)는 인상주의 화가로 알려져 있지만, 그렇게 정의하기에는 사실주의적 경향도 강하다. 마네 스스로 인상주의를 주창하지 않았음에도 훗날 인상파 화가들에게 끼친 영향이 워낙 크다 보니 인상파의 실질적 리더라는 세평이 생겨난 것이다.

마네는 프랑스 파리의 유복한 가정에서 태어났다. 아버지는 법관이었고 어머니는 유서 깊은 가문 출신이었다. 집안 환경이 이렇다 보니, 마네가 법률가가 되길 바랐던 부모의 기대는 어쩌면 당연한 것이었다. 하지만 마네는 미술로 진로를 결정한다. 토마스 쿠튀르(Thomas Couture, 1815~1879) 문하에서 본격적인 미술 공부를 시작한 마네는 스승과 달리 신화를 소재로 하는 종교화나 역사화에 관심이 없

〈풀밭 위의 점심 식사〉, 1863

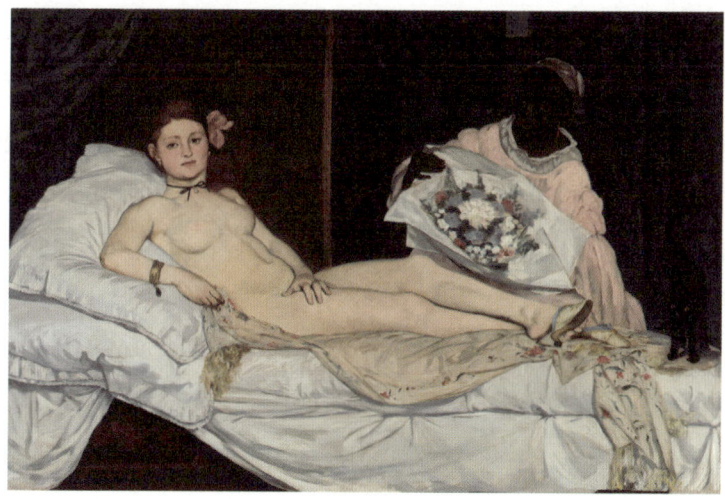

〈올랭피아〉, 1863

었다. 대신 당대 주류였던 사실주의에 주목해 일상의 소재를 주제로 삼아 작품 활동을 해 나간다. 그림에는 교훈적이거나 계몽적인 메시지가 담겨 있어야 한다는 강박에서 벗어나, 있는 그대로의 사실적 묘사에 더 큰 관심을 가졌다.

마네는 1863년 파리 살롱전에 출품했으나 낙선한다. 그런데 살롱전에서 떨어진 작품을 모아 전시하는 낙선전[Salon Des Refusés]에 출품한 〈풀밭 위의 점심 식사〉가 화제가 되면서 일약 유명 인사가 된다. 이 그림은 이탈리아 판화가 마르칸토니오 라이몬디의 〈파리스의 심판〉을 패러디한 작품인데, 파리 부르주아들의 민낯을 폭로하는 듯한 노골적인 장면으로 인해 많은 비판과 논란을 불러일으킨다.

여기서 한술 더 떠, 1865년 〈올랭피아〉를 내놓으면서 마네는 대중으로부터 비판을 넘어 혹독한 비난을 받는다. 이 작품 역시 티치아노 베첼리오의 〈우르비노의 비너스〉, 조르조네의 〈잠자는 비너스〉에서 영감을 받아 그린 일종의 패러디였다. 비록 세간의 평가는 박하다 못해 모질었지만, 그만큼 화제의 중심에 섰던 탓에 반대급부로 그를 추종하는 인상주의 계열의 젊은 화가들로부터 선망과 관심의 대상이 되었다. 다만 마네는 그들과 일정한 거리를 유지하면서 독자적인 길을 걸어간다.

마네는 작품을 내놓을 때마다 많은 사람의 주목과 찬사, 비난과 질시를 한 몸에 받았다. 기존 질서에 대한 저항감, 낯설고 새로운 것에 대한 도전 정신이 작품에 고스란히 드러났기 때문이다. 의도했든 의도하지 않았든, 마네는 늘 논란의 중심에 있었다. 그럼에도 소신을 잃지 않고 자신만의 혁신적인 미술세계를 구축해 나간 마네는 현대 미술의 시작을 알린 선구자로서 오늘날까지 미술사의 한 페이지를 장식하고 있다.

마네의 작품 가운데 사실주의 하면 빼놓을 수 없는 그림이 〈피리 부는 소년〉이다. 양쪽 뺨에 홍조를 띤 소년이 한껏 폼을 잡고서 연주에 집중하고 있다. 언뜻 보면 밋밋한 배경에 색채 역시 이목을 끌 만큼 화려하지 않고 소재 또한 평범하다. 이렇다 보니 1866년 이 그림을 살롱전에 출품했지만 낙선하고 만다. 물론 1859년부터 번번이 살롱전에서 낙선해 왔으니 새삼스러운 일은 아니었다. 외려 너무도 평범한 작품을 접한 심사위원들이 혼란스러움을 느꼈을 법하다.

그러나 이 작품에서 마네는 이전 회화에서 시도되지 않았던 완전히 새로운 묘사법을 선보인다. 대상을 눈에 보이는 그대로 재현하는 게 아니라 배경이나 원근감 혹은 명암에 구애받지 않고 평면적으로 단순하게 묘사한 것이다. 마네가 편지에서 고백한 바에 따르면, 이렇듯 평면과 원색을 통해 대상을 돋보이게 하는 기법은 벨라스케스의 작품을 모사하면서 습득한 것이라고 한다.

한편 당시 많은 비평가의 혹평에도 불구하고 작가 에밀 졸라만은 마네의 그림을 인정하고 극찬했다. 마네가 살롱전에 낙선하자 심사위원들을 비난하는 기사를 기고하는가 하면, "내가 부자라면 그의 그림을 전부 사겠다"라며 호언하기도 했다. 결과적으로 마네는 이 작품을 통해 자신만의 차별화된 고유한 기법으로 또 다른 사실주의 세계로 성큼 발을 내디뎠다.

〈피리 부는 소년〉, 1866

〈폴리 베르제르의 술집〉은 마네가 세상을 떠나기 1년 전에 완성한 그림이다. 그림에는 바텐더로 보이는 한 여성이 우울한 듯 혹은 무심한 듯 정면을 바라보고 있다. 추파를 던지는 것인지 아니면 취객들의 추근거림에 지친 것인지 알 수 없다. 피곤과 슬픔, 권태가 가득하다. 마치 툴루즈 로트렉의 〈세탁부〉에 나오는 주인공처럼 양손으로 차가운 대리석 테이블을 붙잡고 지친 몸을 의지하고 있다. 테이블 위에는 와인, 맥주 등 각양각색의 음료와 꽃, 오렌지가 담긴 크리스털 접시 등이 놓여 누군가의 선택을 기다리고 있다. 그 가운데 서 있는 바텐더의 모습이 왠지 모르게 처량하다. 마네는 의도적으로 꽃과 팔찌, 커다란 목걸이로 화려하게 치장한 모습으로 바텐더를 묘사함으로써 그녀 역시 소비의 대상으로 보이게끔 착시 현상을 일으킨다.

바텐더 뒤에는 홀의 크기와 그 안에 얼마나 많은 사람이 들어차 있는지를 짐작하게 하는 커다란 거울이 걸려 있다. 그림의 주요 배경인 이 거울이 문제다. 거울 오른쪽으로 한 남자가 바텐더와 마주하고 있는 모습이 반사된다. 그런데 그림에서 남자는 보이지 않는다. 다시 말해, 감상자의 시선에서 보면 남자의 등이 보여야 하는데 보이지 않는다. 이 남자는 어디로 사라졌을까.

이 외에도 수수께끼 같은 장면이 더 있다. 거울에 비친 바텐더의 등이 지나치게 멀리 떨어져 있다는 점이다. 또 거울에 비친 테이블 또한 실제보다 높은 각도에 모서리가 위치해 있다. 이러한 불균형은 마네가 한 화면에 두 개의 시점을 담아냈기 때문에 벌어진 현상이다. 이 작품에는 정면 감상자의 시점과 거울에 비친 배경 시점이 공존한다.

〈폴리 베르제르의 술집〉, 1882

이러한 과감한 시도는 인상파는 물론 세잔과 피카소의 작품에도 영향을 미친다. 심지어 나중에는 한 캔버스 안에 수십 개의 시점이 공존하는 방식으로 발전해 가는데, 이는 입체파[cubism] 또한 이 작품의 연장선상에 있음을 의미한다.

삶은 매 순간 변한다지만 우리가 체감하는 오늘은 어제와 별반 다르지 않다. 아마 내일도 그럴 것이다. 사람들은 변화를 원하면서도 좀체 틀 밖으로 벗어나지 못한다. 익숙함에서 오는 안전감과 편안함을 내려놓기가 두렵기 때문이다. 보고 싶은 것만 보고 듣고 싶은 것만 듣는 '확증편향'의 시대, 말로만 변화를 부르짖는 이들에게 마네는 죽비와도 같은 일갈은 던진다.

"'무엇'이 아니라 '어떻게' 볼 것인가를 참구하라!"

자연을 좇으며
스스로 빛이 되다

클로드 모네
Oscar-Claude Monet

"내 운명은 자연의 법칙이나
자연의 조화를 그림으로
표현하는 것이다.
그 이외의 다른 운명은
단 한 번도 갈망한 적이 없다."

나와 세상을 변화시키는 힘은 어디에서 올까. 어떤 이는 총구로부터 나온다고 하고, 또 어떤 이는 돈이나 권력 혹은 명성이라고도 말한다. 하지만 이것들을 향한 갈구가 얼마나 허망한 최후로 귀결되는지는 수없이 반복된 인류의 역사가 잘 보여 준다.

변화의 본질은 외적인 힘이나 압력이 아닌 인간 내면에서 우러나오는 의지와 노력이다. 과거에 대한 집착이나 미래에 대한 걱정에서 벗어나 오롯이 매 순간의 에너지를 포착하고자 몰입하는 시도야말로 변화를 이끌어 내는 원천이다. 오랜 시간 불교 수행자들이 전통을 불문하고 한결같이 '지금 여기'에 집중해 온 까닭도 여기에 있다. 오직 '지금 이 순간'만이 우리가 경험하고 살아가고 바꿀 수 있는 유일한 순간이기 때문이다. 인생의 모든 경이로움과 진리가 이 짧은 찰나에 깃들어 있다.

수행자처럼 한시도 '지금'에서 벗어나지 않으려 발버둥 치듯 살아간 화가가 있다. 클로드 모네(Oscar-Claude Monet, 1840~1926)다. 산업혁명과 대혁명의 기운이 유럽을 휩쓸 무렵, 프랑스 파리에서 상인의 아들로 태어난 모네는 가수였던 어머니의 영향을 받아서인지 어릴 적부터 예술가를 꿈꾸었다. 특히 그림에 남다른 재능을 보였다. 학교에서 선생님과 친구들의 캐리커처를 그리곤 했는데, 짧은 시간에 대상의 특징을 잡아내는 능력이 탁월했다.

프랑스 서북부의 르아브르에서 학창 시절을 보낸 모네는 청년이 되어 파리로 돌아온다. 그곳에서 또래의 젊은 화가들과 교류하며 자신만의 독창적인 화풍의 초석을 다지기 시작한다. 중간에 프랑스와 알제리 간의 전쟁(1861~1862)에 징집되기도 하였으나 장티푸스에 걸려 전역하면서 본격적으로 작품 활동에 매진한다.

당시 파리 미술계는 이전 세대 거장들의 화풍을 모방할 뿐 창의성이라고는 찾아볼 수 없는 답습 상태에 빠져 있었다. 사실적이고 세밀한 묘사, 정교한 명암법을 바탕으로 한 역사화와 종교화가 대세였다. 성서, 역사, 신화 속 인물을 주제로 한 아카데미즘이 주류로 인정받고 선호되었다. 그러나 모네의 눈에 비친 이러한 작업들은 진부한 반복과 복제에 불과했다. 이에 모네는 오랜 전통과 관습에서 벗어나고자 상상력을 발휘하며 새로운 작업을 시도한다.

모네는 집 밖의 자연으로 눈을 돌린다. '빛의 화가'라고 불릴 만큼 빛을 묘사하는 데 뛰어났던 그는 자연의 아름다움을 캔버스에 담아내기 시작한다. 사물이 가진 본래의 색채가 아닌 눈에 비치는 모습을 그려 내는 독특한 회화 양식을 선보인다. 그러나 주류 미술계에서는 이를 달가워하지 않았고, 번번이 살롱전에 출품을 거절당한다. 르누아르, 피사로 등과 뜻을 모아 독자적으로 전시회를 개최했지만 이마저도 큰 주목을 받지 못한다. 그럼에도 포기하지 않고 꿋꿋이 자신들만의 길을 걸어간 모네와 동료들은 마침내 자연의 순간적인 인상을 포착해 아름다움으로 승화한 '인상주의'라는 새로운 시대사조를 열었다. 이들에 의해 예술은 다시 한번 진화하고 도약한다.

모네는 〈인상, 해돋이〉를 통해 인상주의를 대표하는 작가로 자리매김한다. 지금은 인상주의 작품이 누구에게나 친숙하지만 당시에는 그렇지 않았다. 수많은 비평가가 자연의 모습과 본질조차 그리지

〈인상, 해돋이〉, 1872

〈산책〉, 1875

못하는, 기본도 안된 화가의 작품이라며 조롱 섞인 비판을 담아 모네와 그의 작품을 깎아내렸다.

언뜻 모네의 작품은 거친 붓질로 대충 그리다가 만 그림처럼 보인다. 하지만 인상파가 추구하는 지향점은 '빛이 곧 색채'라는 생각으로 빛을 통해 사물의 다양하고 깊은 아름다움을 찾아내는 데 있다. 아무리 익숙하고 오래된 사물일지라도 시시각각 달라지는 빛에 의해 전혀 다른 작품으로 탄생할 수 있다는 게 이들의 관점이었다. 인상주의 화가들은 그 새로운 빛을 찾기 위해 실내에 머물지 않고 야외로 나갔다.

모네의 대표작 중 하나인 〈산책〉을 보면 야외에서 느낄 수 있는 생동감이 물씬 풍긴다. 어느 화창한 봄날, 아내 카미유와 아들 장과 함께 산책하러 나가서 그린 이 작품에는 봄바람과 언덕의 초록빛이 생생하게 묘사되어 있다. 표면적으로는 강렬하고 거친 붓질일지언정 작품이 전하는 뉘앙스는 따사롭고 편안하기 그지없다. 결코 인간의 눈으로는 볼 수 없는 바람이라는 존재가 하늘과 구름, 꽃과 풀잎, 아내의 치맛자락에서 살아 숨 쉰다.

모네는 살랑이는 봄바람을 어떻게 불러 세웠을까. 부름에 응답하듯 자신을 바라보는 아내와 아이의 시선까지 겹쳐진 찰나의 순간을 어떻게 포착했을까. 어쩌면 의미 없이 지나가 버렸을지도 모를 인생의 한순간이 화폭에 담겨 긴 세월을 거듭하고 있음을 생각해 보면, 찰나가 곧 영원이라는 말이 어렴풋이 머릿속에 떠오른다.

〈수련이 있는 연못〉, 1919

〈수련〉1919

모네 하면 빼놓을 수 없는 작품이 〈수련〉 연작이다. 모네 예술의 결정판이라고 할 만큼 그의 모든 예술적 역량이 이 작품에 담겨 있다. 파리 오랑주리 미술관이 〈수련〉 연작을 위해 따로 전시관을 만들었을 정도이니, 그 위상이 짐작이 가고도 남는다. 높이 2m, 총길이 87m에 이르는 타원형 전시실을 가득 채운 그림을 둘러보노라면, 수련이 가득 핀 호수에 반쯤 몸을 담그고 있는 듯한 느낌마저 든다.

모네는 평생 250점의 수련 연작을 그렸을 만큼 수련에 특별한 애정을 쏟았다. 흥미로운 점은 작품에 등장하는 수련이 상상 속 이미지가 아니라, 모네가 파리 근교 지베르니에 정착했을 때 공들여 가꾼 대규모 정원과 연못에 핀 실물 꽃이었다는 사실이다. 그가 정원을 가꾸는 데 얼마나 공을 들였는지 역시 이 작품을 통해 짐작할 수 있다.

〈수련〉 연작에서 중심 소재인 연못의 수련은 일몰, 구름, 버드나무 등과 어우러져 다양한 분위기를 자아낸다. 주제는 수련 하나이지만 시시각각 변하는 모습이 다채롭게 표현되어 있어 모든 작품이 저마다 개성을 갖는다. 모네의 작품 대부분이 그렇듯이 〈수련〉 연작 또한 비슷한 구도와 장소에서 여러 차례 작업한 흔적을 발견할 수 있다. 마치 음악처럼 같은 풍경을 다른 시간, 다른 색채로 변주한 것이다. 그래서인지 작품마다 전하는 감흥이 사뭇 다르다. 대표적으로 선명한 형태를 띤 초기 작품에 비해 후기 작품은 추상적인 인상이 강하다.

정중동 동중정(靜中動 動中靜). 멈춰 있는 듯하지만 연못에 비친 하늘과 구름, 꽃들은 끊임없이 변하고 있다. 고요함 속에 약동하는 자연을 담은 〈수련〉 연작은 지루하리만치 익숙하고 평범한 일상을 다시 돌아보게 한다. 지금 이 순간 나를 둘러싼 소중한 존재들, 매 순간 새롭게 깨어나고 춤추고 노래하는 존재들을 알아차릴 때 우리 삶이 얼마나 풍요로워질 수 있는지를 암시한다.

이처럼 창의적인 도전으로 세상을 변화시킨 모네였지만 생전에는 그다지 인정받지 못했다. 그의 사후 제2차 세계대전이 끝나고 미국에서 추상표현주의 화가들의 눈에 띄어 재조명받고 나서야 비로소 오늘날과 같은 명성을 드날리게 되었다. 예술가로서 모네의 도전 정신은 변화를 열망하는 후배 예술가들에게 세상을 바라보는 법에 관한 영감을 불어넣고 있다.

아이러니하게도 누구보다 빛을 사랑하고 빛을 통해 자연을 사랑하는 법을 깨달았던 모네는 말년에 백내장을 앓으면서 점차 시력을 잃어 갔다. 그러나 화가로서 사망 선고와 다름없는 병을 앓게 되었음에도 끝까지 그는 그림에 대한 열정을 잃지 않았다. 고령에도 불구하고 두 번의 수술을 감행하면서까지 예술혼을 불태우다 1926년 86세를 일기로 세상을 떠난다. 빛을 좇는 화가에서 스스로 빛이 되어 스러진 모네. 마지막 숨을 거둘 때까지 그는 이 말을 되뇌었다고 한다.

"그림을 그려야 합니다. 시력을 다 잃기 전에
모든 것을 그려 보고 싶습니다."

형태의 구조 속에서
존재의 본질을 탐구하다

폴 세잔
Paul Cézanne

"나는 무언가 견고하고
박물관 속 미술처럼
오래가는 인상을
만들고 싶다."

우리는 눈을 통해 사물과 현상을 본다. 일례로 멋진 광경을 볼 때 그 모습이 한눈에 들어왔다고 표현한다. 이렇듯 매 순간 우리는 외부의 대상이 눈에 포착되어 형상과 색채를 경험한다고 생각한다. 하지만 사실은 그렇지 않다. 우리가 하는 대부분의 경험은 눈, 귀, 코, 혀, 몸을 통해 실시간으로 이루어지는 체험이 아니라 기억의 형태로 저장된 데이터에 의해 재구성된 사건이다. 다시 말해, 눈으로 사물을 본다는 건 외부의 대상을 내부로 이식하는 인풋(input)의 과정이 아니라 이미 내 안에 존재하는 정보를 불러내는 아웃풋(output)의 과정이다. 이는 불교의 유식(唯識) 전통에서 인간의 경험을 이해하는 관점이자 현대 뇌과학과 신경과학이 밝혀낸 사실이다.

그렇다면 세상을 향한 우리의 시선은 본질을 있는 그대로 비춘다기보다 오히려 그것을 끊임없이 빗겨 갈 수밖에 없는 게 아닐까. 달리 말하면 외부 대상을 고스란히 표현하기보다 내면에서 이해하고 해석한 바를 묘사함으로써 사물의 본질에 더 가까이 다가설 수 있지 않을까. 지금으로부터 100여 년 전, 이런 문제의식을 통해 새로운 미술 사조를 개척한 화가가 있다. 19세기 주류 화풍이던 인상주의를 극복하고 근현대 미술의 시작을 알린 화가로 평가받는 폴 세잔(Paul Cézanne, 1839~1906)이다.

"미술은 개인적인 통각이며, 자신이 이해한 것을 그림으로 구성하여 그릴 수 있어야 한다." 이 말에서도 느껴지듯, 세잔은 작가의 내면에서 비롯되는 심미적 탐구와 경험을 무엇보다 중요시했다. 철학자 메를로 퐁티 역시 에세이 「세잔의 의심」에서 "(세잔은) 눈에 보이는 것을 생각하기보다 보고 느끼고 싶어 했다. 궁극적으로 그는 보는 것이 곧 만지는 것이 되는 경지를 추구했다"라며 현상 너머에 있는 본질을 추구하는 세잔의 남다른 면모를 소개하고 있다.

사과만큼 인류사의 결정적 순간마다 등장하는 과일도 드물 것이다. 당장 떠오르는 것만 해도 이브의 사과, 뉴턴의 사과, 스티브 잡스가 창업한 '애플' 등이 있다. 다소 비약일지 모르지만, 사과는 늘 현재가 과거를 넘어서는 도약과 혁신의 순간에 등장하는 새 시대의 상징물이었다. 서양 미술사에도 어김없이 이러한 사과가 등장한다. 바로 세잔의 사과다.

세잔은 평생 많은 정물화를 남겼다. 그중에서도 사과를 소재로 한 작품은 미술사의 새로운 전기를 마련했다고 할 만큼 중요한 의미가 있다. 대표적으로 〈사과와 오렌지〉를 살펴보자. 얼핏 보면 사과와 오렌지가 어지럽게 놓여 있는 듯하지만, 찬찬히 보면 나름의 도형과 구도 속에 자리 잡고 있음을 알 수 있다. 삼각형 혹은 사각형의 구도가 숨은그림찾기 하듯 곳곳에 배치되어 있다.

전체적으로 보면 그림이 한쪽으로 기울어져 있어서 금세라도 사과가 굴러떨어질 것 같지만, 묘하게 안정감과 균형감을 유지하고 있다. 그 이유는 그림 속 각각의 사과와 오렌지가 서로 의존하면서 조화를 이루고 있기 때문이다. 즉 이 그림에는 '이것은 사과고 저것은 오렌지다' 하는 낱낱의 분별이 아닌, 서로 연결되고 의존해 있는 존재로서 사물을 관찰하는 세잔의 연기(緣起)적 시선이 담겨 있다.

또한 자세히 보면 사과나 오렌지가 하나의 시선으로 파악되는

〈사과와 오렌지〉, 1899

〈사과 바구니〉, 1893

구도가 아님을 알 수 있다. 어떤 사과는 위에서, 어떤 사과는 옆에서 혹은 비스듬한 각도에서 보이는 대로 그려져 있다. 놀랍게도 한 화면에 여러 시점이 공존한다. 다중 시점을 통해 단일한 평면 위에 있는 대상을 입체적으로 표현하고 있다. 엄밀히 말하면 이는 세상에 존재할 수 없는 모습이다. 하지만 세잔에게는 이것이야말로 능동적으로 사물의 본질을 숙고하는 방식이자 사물을 있는 그대로 보여 주는 방법이다. 눈에 보이는 대상을 수동적으로 기록하기보다 재구성해 그 이면을 드러내는 것이다.

이 그림에서 보이는 입체감에는 구도나 시점만이 아니라 색채 역시 중요한 역할을 한다. 머릿속에서 재구성한 다양한 색으로 사과를 묘사함으로써 원근감은 물론 명암, 질감, 음영까지 표현하고 있다. 적어도 이 작품에서 사실주의적 묘사는 세잔의 큰 관심거리가 아니었다. 그러기보다 낯선 색감 활용을 통해 기존의 인식과 경계를 무너뜨리면서 동시에 누구도 시도하지 못했던 방식으로 새로운 경계를 드러내고 있다. 이렇듯 조화롭지 못한 사물의 구도와 왜곡된 형태 묘사마저 집어삼켜 버리는 놀라운 색감의 힘은 〈사과와 정물〉, 〈사과 바구니〉 등 다른 정물화에서도 마찬가지로 잘 드러난다.

세잔은 기존의 인상주의 화풍을 완전히 무시하진 않았지만, 아무리 정교한 원근법을 적용하고 세밀한 묘사를 하더라도 결국 그것은 사물의 본질이 아닌 머릿속에서 그려 낸 일종의 환영에 불과하다고 보았다. 이러한 세잔만의 고유한 관점과 사유는 후에 피카소의 큐비즘뿐 아니라 다양한 현대 미술 사조에 영향을 미쳤다. 대표적으로 야수파 화가 앙리 마티스는 세잔을 두고 '미술의 신'이라며 존경을 표했고, 피카소 역시 "세잔이야말로 나의 유일한 스승이다"라고 말했을 정도다.

폴 세잔은 1839년 남프랑스 엑상프로방스의 부유한 집안에서 태어났다. 아버지가 공동으로 은행을 창업할 만큼 재력가였기에 세잔은 집안의 지원 속에서 온전히 그림에만 집중할 수 있었다. 세잔의 유년 시절을 이야기할 때 빼놓을 수 없는 것이 에밀 졸라(Émile Zola, 1840~1902)와의 만남이다. 열 살 무렵 학교에서 친구들에게 따돌림을 당하던 에밀 졸라 편에 서서 함께 싸워 준 것을 계기로 두 사람은 친구가 된다. 훗날 에밀 졸라의 소설『작품』에 등장하는 재능 없는 화가(클로드)가 자신을 가리킨다고 여긴 세잔이 절교를 선언하지만, 사실 여부를 떠나 서로가 각자 인생에서 중요한 인물이었음은 틀림없다.

성인이 된 세잔은 아버지의 권유로 마지못해 법학을 공부하지만, 얼마 못 가 그만두고 파리에서 본격적으로 작품 활동을 시작한다. 그리고 인상주의가 풍미하던 파리에서 카미유 피사로를 만나 그림을 배우면서 화가로서 진일보하게 된다. 그 과정에서 세잔은 자신만의 개성 넘치는 화풍을 펼쳐 나갔는데, 예를 들어 같은 풍경을 묘사하더라도 단순한 형태와 색채로 표현하려고 하는 등 전통적인 방식을 넘어서기 위한 시도를 멈추지 않았다.

그러나 세잔의 작업은 인정받지 못했다. 거듭된 출품에도 불구하고 살롱에서는 매년 그의 작품 전시를 거부했다. 그나마 몇 번 인상파 작가들과 공동 전시 기회를 얻었을 뿐 세간의 주목이나 찬사와는

〈생트 빅투아르 산〉, 1890

〈벨뷰에서 바라본 생트 빅투아르 산〉, 1885

인연이 없었다. 오히려 작품이 전시될 때마다 숱한 조롱과 모욕을 당했고, 심지어 정치적 사건과 연루 지어 파리를 떠날 것을 종용받기까지 했다. 같은 시기 절친한 친구인 에밀 졸라는 작가로서 승승장구하며 명성을 쌓았던 데 반해 세잔은 여전히 그저 그런 화가에 불과했다.

인정받지 못한 대개의 예술가가 그렇듯이 세잔도 자신을 세상으로부터 고립시키기 위해 남프랑스 고향 마을로 돌아간다. 그곳에서 어릴 적 늘 바라보고 뛰어놀던 산을 소재로 〈생트 빅투아르 산〉 연작 풍경화를 완성한다. 이 시기부터 작품이 주목받기 시작하면서 세잔은 점차 명성이 높아져 간다. 그리고 56세가 되었을 때, 비로소 첫 개인전을 개최한다. 이 무렵 세잔의 영향을 받은 파리의 인상파 화가들이 작품 활동을 위해 남프랑스로 이주하기에 이른다.

1906년 당뇨로 고생하던 세잔은 성치 않은 노구를 이끌고 그림을 그리러 나갔다가 폭우를 맞은 후 폐렴 합병증으로 생을 마감한다. 67세를 일기로 세상을 떠난 그는 어린 시절 에밀 졸라와 뛰어놀던 고향 엑상프로방스의 공동묘지에 묻힌다. 비록 세잔이 다른 천재 화가들처럼 매우 드라마틱한 삶을 살았다고는 할 수 없지만, 번득이는 섬광처럼 세상을 다르게 바라본 안목과 통찰은 지금까지도 수많은 예술가에게 영감을 주고 있다.

세상을 바로 본다는 건 말처럼 쉽지 않다. 눈이 있으니 그저 보면 되는 게 아니겠냐고 생각할 테지만 그렇지 않다. 오죽했으면 부처님이 팔정도(八正道)를 설할 때 첫 번째로 '올바로 봄' 혹은 '바른 견해'라는 의미인 정견(正見)을 말씀하셨을까. 단지 겉으로 보이는 현상만

이 아니라 이면에 담긴 진의까지 바로 볼 수 있을 때 비로소 우리는 현재의 고통을 자각하고 그것을 소멸하는 길로 나아갈 수 있다.

현재를 살아가면서 현재를 넘어서기가 얼마나 어려운 일인지 모두가 잘 알고 있다. 세잔 또한 일생의 대부분을 인정받지 못하고 소외당한 채 열등감과 패배감에 사로잡혀 살았다. 하지만 그런 와중에도 포기하지 않았던 한 가지는 세상을 바라보는 법에 대한 치열한 고민이었다. 시련에 굴하지 않고 스스로를 단련함으로써 마침내 남다른 예술적 깊이를 이룩한 폴 세잔. 말년에 그는 후배 미술가들을 위해 자신이 평생 헌신하고 노력한 결과로 얻은 소중한 통찰을 마지막 유훈처럼 남겼다.

"새로운 미술의 시대가 열릴 것이니 준비하시오."

3부

세상을 재창조하다

혼이 깃든 형상으로
심금을 울린 천재 예술가

미켈란젤로
Michelangelo Buonarroti

"이미 내게는 끊임없이
노력하게 만드는 과분한
아내가 있다.
그녀는 바로 나의 예술이요,
나의 자식은 나의 작품이다."

한 여인이 어린아이를 안고 실성한 듯 앉아 있다. 슬픔으로 가득 찬 얼굴은 멍하니 하늘을 응시한다. 여인은 아이의 엄마인 듯하다. 엄마의 품속에서 아이는 고개와 사지를 축 늘어뜨린 채 눈을 감고 있다. 딸아이의 죽음이 믿기지 않는 듯한 망연자실한 모습. 사람이 극한의 슬픔에 빠지면 눈물조차 나오지 않는다고 했던가. 바로 그 순간이 그랬다.

우크라이나가 러시아의 침공에 맞서 항전하던 전쟁 초기, 러시아 공군의 폭격에 마리우폴에 살던 여섯 살 꼬마 소녀가 숨을 거두었다. 소녀는 집 근처 슈퍼마켓에 다녀오는 길이었다. 아이의 부모는 의식을 잃은 아이를 안고 근처 병원으로 달려갔고 의료진은 심폐소생술을 하며 필사적으로 노력했지만 이미 늦은 상태였다. 그렇게 핑크색 유니콘 파자마를 입은 어린 소녀는 엄마 품에 안긴 채 짧은 삶을 마감했다. 소녀의 엄마는 소리 없이 통곡할 뿐이었다. 어떤 말로 이 슬픔을 표현할 수 있을까.

서양 속담에 "참호 속에서 무신론자는 없다"라는 말이 있다. 아무리 신이나 구원을 믿지 않는 사람일지라도, 막상 폭탄이 쏟아지는 아비규환 속에서는 무언가 의지할 만한 것을 찾을 수밖에 없다는 말이다. 실제 경험에서 우러나온 말일 것이다. 역설적으로 우리는 고통과 번뇌 속에서 자비와 연민을 배운다.

어린 소녀의 죽음은 우크라이나-러시아 전쟁 뉴스에서 보게 된 충격적인 장면이었다. 전쟁이라는 폭력이 빚어내는 참상은 바깥에서 지켜보는 이들의 마음에도 생채기를 낼 만큼 끔찍하고 잔혹하다. 하물며 야만의 한복판에서 살아가는 이들이 겪을 물리적·정신적 고통이야 두말할 게 있을까. 감히 상상조차 할 수 없으리라. 너무도 안타깝고 마음이 아파 한동안 아무 생각도 들지 않았다. 그러다 문득, 예술 작품 하나가 머릿속에 떠올랐다. 〈피에타〉. 더 이상의 비통함이 없을 정도로 극한의 슬픔이 몰려올 때, 처절하면서도 자비로운 그 모습이 자연스레 떠오른 것이다.

이 불멸의 예술 작품을 남긴 인물은 그 이름도 유명한 미켈란젤로 부오나로티(Michelangelo Buonarroti, 1475~1564)다. 무엇이 미켈란젤로에게 이토록 슬프고 아름다운 〈피에타〉를 세상에 내놓게 했을까?

내가 처음 미켈란젤로를 만난 건 9,000km 가까이 날아가 도착한 바티칸 시국의 성 베드로 대성당에서였다. 7년 전이었다. 해인사 승가대학의 학감 소임을 맡으면서 조금씩 몸과 마음이 소진되고 있었다. 역마살이 발동한 것인지 무작정 멀리 떠나고 싶은 생각뿐이었다. 잠시 망설이던 나는 동안거 해제를 마치자마자 바랑을 꾸려 로마로 향했다.

두루마기 승복을 입고 거리를 활보하는 낯선 동양인의 모습에 주변의 시선이 적잖이 쏠렸다. 며칠을 머물면서 차츰 그런 시선에 익숙해져 가던 어느 날, 성 베드로 대성당을 찾았다. 그곳에서 〈피에타〉와 마주했다. 작품의 아름다움에 취해 한참을 그 앞에 서 있었다. 그때만 해도 레오나르도 다 빈치와 미켈란젤로를 헷갈릴 만큼 예술의 문외한에 가까웠지만, 피에타 성상 앞에 선 순간 조각상이 주는 에너지에 완전히 매료당했다.

〈피에타〉, 1498~1499

무릎 위에 예수를 올려놓은 성모 마리아의 옷자락에 생긴 주름 하나하나가 정교하고 생생했다. 대리석을 깎아 만든 작품이라고는 도저히 믿을 수 없을 정도였다. 힘없이 늘어뜨린 예수의 팔은 섬세하다 못해 모세혈관마저 다 비치는 듯했다. 특히 등을 받쳐 든 성모 마리아의 손가락에 눌려 움푹 들어간 모습으로 묘사된 예수의 겨드랑이 부위는 경이롭기까지 했다.

놀랍게도 극한의 고통과 함께 따뜻한 자비가 느껴졌다. 〈피에타〉를 보고 있자니, 미켈란젤로가 세상의 모든 고통을 혼자서 짊어지리란 서원을 세운 게 아니었을까 하는 생각마저 들었다. 그는 이 작품을 완성하기까지 셀 수 없이 망치질을 하고, 톱질을 하고, 끌로 다듬기를 반복했을 것이다. 전신에 흰 먼지를 뒤집어쓴 채 말이다. 그렇게 나는 〈피에타〉라는 작품을 통해 미켈란젤로를 만날 수 있었다. 마치 〈피에타〉가 나에게 미켈란젤로를 소개하는 듯했다. '여기 평생을 오직 자비의 화신을 보여 주기 위해 살다 간 한 남자가 있습니다'라고.

사실 '피에타(Pietà)'는 성 베드로 대성당에 있는 미켈란젤로의 조각상만을 지칭하는 말이 아니다. 피에타는 '자비를 베푸소서'라는 뜻의 라틴어이자 이탈리아어로는 동정·연민·슬픔·비탄을 뜻하기도 하는데, 훗날 십자가에서 내려진 예수를 안고 있는 성모 마리아의 모습을 묘사한 예술을 일컫는 말로 통용되었다.

미켈란젤로가 처음 세상에 〈피에타〉를 선보였을 때 많은 논란이 일었다. 성모가 너무 젊어 보인다는 둥 신체 비율상 주인공이 예수가 아닌 성모가 되어 버렸다는 둥 말이 많았다. 이에 대한 미켈란젤로의 답이 무척 흥미롭다. "이 조각은 신에게 바치는 것이니, 인간의 시선으로 평가하지 마시오."

실제로 위에서 작품을 내려다보면 예수의 몸이 압도적인 비중을 차지한다. 또한 앳된 얼굴을 한 성모에 대해서도 영원한 신성을 상징하는 표현이라는 견해를 비롯한 다양한 해석이 있다. 한 가지 더 흥미로운 대목은 성모 마리아가 손바닥을 펴서 하늘을 향하고 있는 점이다. 마치 불상의 수인을 연상케 하는 모습이다. 슬픔과 비탄마저 다 내려놓은 손짓에는 '모든 것을 당신 뜻에 맡깁니다'라는 간절함이 서려 있다. 그래서일까. 〈피에타〉 앞에 서면, 고해성사하러 온 신자처럼 지난날의 슬픔과 고통을 떠올리며 자연스레 그 감정과 화해하게 된다.

미켈란젤로는 1475년 이탈리아 피렌체 부근의 작은 마을 카프레세에서 태어났다. 여섯 살에 어머니를 여의고 유모의 손에 맡겨진 그는 어려서부터 돌멩이를 장난감 삼아 가지고 놀면서 자랐다. 유모의 남편이 석공이었던 까닭이다. 훗날 5m가 넘는 거대한 다비드상을 조각한 후에 "형상은 처음부터 돌 속에 있었다. 나는 단지 불필요한 부분을 깎아 냈을 뿐이다"라고 말했을 만큼 미켈란젤로는 조각에 대한 남다른 열정과 예술관을 가지고 있었다. 그에게 조각은 자기 자신이었고 삶이자 기도이고 수행이었다. 교황으로부터 인류사 최고의 걸작 중 하나로 평가받는 시스티나 성당의 천장화 작업을 의뢰받았을 때조차 모욕으로 받아들인 그였다. 자신은 화가가 아니라 조각가라는 이유에서였다.

하지만 『화엄경』 「보현행원품」에서 설하듯 인생은 막히는 곳에

시스티나 성당의 천장화, 1508~1512

서 오히려 통한다. 조각가로서 엄청난 자부심을 가진 미켈란젤로는 교황 율리오 2세의 요구에 크게 반발했지만, 결국 시대를 초월해 사람들의 경탄을 자아내는 최고의 회화 작품을 그려 냈다. 처음 그린 회화가 이 정도였으니 천재라는 수식어조차 부족할 지경이다. 미켈란젤로는 평생을 조각과 회화, 건축의 경계를 넘나들며 예술혼을 불태웠다. 오직 예술만을 화두 삼아 마지막까지 창작에 몰두했다.

미켈란젤로는 1564년 2월 18일, 89세를 일기로 사망할 때까지 성 베드로 대성당의 건축 책임자로 일했다. 사후 그의 시신은 소망대로 비밀리에 로마에서 피렌체로 운구되어 현재 갈릴레오, 마키아벨리, 작곡가 로시니 등이 묻혀 있는 산타크로체 성당에 안치되었다.

> "내 인생 여정은 모두 끝났으니/ (중략) 내 탐미로운 생
> 각 중에 다가오는 것은 한때는 즐거웠으나 또 다른 때
> 는 허망한 것/ 죽음을 향해 내가 나아가니 한때는 확실
> 했으나, 지금은 두려운 것/ 내 작품과 조각은 모두 헛된
> 것일 뿐/ 거룩한 사랑 앞에서는 무의미한 것/ 우리를
> 안아 주시는 십자가에서 벌린 그분의 팔에 비한다면."
> - 미켈란젤로가 1554년에 쓴 시, 소네트 283

때로는 수많은 언어적 위로와 물질적 위안보다 한 사람의 혼이 깃든 예술 작품이 더 큰 울림을 전할 때가 있다. 7년 전 늦겨울, 〈피에타〉 성상 앞에 서서 느낀 감동은 다름 아닌 '자비심'이었다. '괜찮을 거야,

괜찮아질 거야' 하고 귓가에 속삭여 주는 것만 같아서 나도 모르게 하염없이 눈물이 흘렀다. 〈피에타〉는 세상을 향한 미켈란젤로의 기도문이다. 세상이 다 무너져 내리는 것 같은 슬픔과 비통함 속에서도 우리를 지켜 달라는 간절한 염원이다.

'피에타(신이여, 자비를 베푸소서).' 그 어느 때보다 이 말이 절실하게 와닿는 요즘이다. 신을 믿든 믿지 않든, 전쟁의 참화는 당사자와 그것을 지켜보는 사람 모두를 고통스럽게 한다. 성모 마리아면 어떻고 관세음보살이면 어떠랴. 그 아픔을 보듬고 어루만져 줄 이가 있다면 누구라도 그의 품에 안겨 쉬리라. 아니다. 그럴 수만 있다면, 비록 미약한 온기일지라도 누군가를 위한 따뜻한 품이 되어 주고 싶다. 그날이 오기를, 하루 빨리 전쟁의 고통이 멈추고 자비롭게 서로를 끌어안는 순간이 오기를 간절히 기원해 본다.

고통의 무게에
생동감을 불어넣다

파울 루벤스
Peter Paul Rubens

"아무리 그림이 크더라도,
아무리 제재가 다양하더라도,
내가 그릴 수 없는 그림은 없다."

모든 것은 변하고 그 변화는 결국 우리에게 고통으로 다가온다. 영원할 것 같던 즐거움과 환희도 불꽃처럼 이슬처럼 사라지고 만다. 그래서 수행자들은 고통을 만드는 탐욕, 성냄, 어리석음의 완전한 종식을 위해 열반의 길을 향해 간다. 하지만 대다수 사람은 인생의 성공을 위해 소중한 것들마저 희생하면서 하루를 살아 낸다. 그 과정에서 헤아릴 수 없는 괴로움, 좌절, 절망, 비탄 등과 마주하게 된다.

누구나 행복하고 안락한 삶을 꿈꾸지만 현실이 어디 그런가. 살벌한 생존 경쟁 속에서 부딪히고 깨지고 할퀴어지면서 몸과 마음은 어느새 만신창이가 된다. 누군가는 상처 입지 않으려고 적당히 타협하면서 위선 혹은 위악의 가면을 쓰기도 한다. 때로는 쓴웃음을 지으며 삶은 원래 달콤씁쓸한 거라고 애써 스스로를 위로하기도 하고, 때로는 화를 내며 세상을 향해 소리쳐 보기도 한다. 그러나 어떤 삶이든 가만히 들여다보면 여린 숨을 몰아쉬며 버티고 있기는 매한가지다.

놀라운 건 이렇듯 삶과의 치열한 투쟁을 벌이는 와중에도 인간에게는 자비와 연민의 마음이 있어 고통을 나누고 공감하며 살아간다는 점이다. 자녀의 고통을 자신의 것인 양 여기는 부모처럼 세상을 향한 다정하고 따뜻한 시선을 놓지 않고 살아가는 사람들이 있다. 페테르 파울 루벤스(Peter Paul Rubens, 1577~1640)도 그들 중 한 명이다.

루벤스는 독일 지겐 태생으로 1577년 프로테스탄트의 칼뱅을 신봉하는 아버지와 어머니 사이에서 태어났다. 루벤스는 평생 독일, 벨기에, 이탈리아, 스페인을 옮겨 다니며 작업을 이어 갔는데, 주로 유년 시절을 보낸 벨기에 안트베르펜을 중심으로 활동했다. 열네 살 무렵 가톨릭 학교에서 라틴어를 배우면서 동시에 그림 공부를 시작한 루벤스는 언어에도 특출난 재능이 있어 훗날 6개 국어를 구사하며 스페인의 외교관으로도 활약한다.

루벤스는 화가로서 두 명의 스승에게 사사받는데, 아담 반 누트와 오토 반 벤이다. 공교롭게도 두 사람 다 매너리즘 화가이다. 가톨릭 학교 출신으로 반종교 개혁을 대표하는 미술가로 성장한 루벤스는 이후 이탈리아 피렌체와 베네치아 등지를 돌며 미켈란젤로, 카라바조, 티치아노와 같은 천재 화가들의 작품을 접하게 된다. 그의 눈에 비친 르네상스 화가들의 작품은 경이로움 자체였다. 아마도 루벤스의 작품 곳곳에서 드러나는 풍부한 색감과 색조는 티치아노로부터, 명암 대비 기법인 테네브리즘은 카라바조로부터, 사선 구도의 활용은 틴토레토로부터 영향을 받은 듯하다.

이탈리아에 머무는 동안 재능을 알아본 사람들로 인해 주목받는 화가가 된 루벤스는 발리셀라 산타마리아 교회의 제단화 작품까지 의뢰받는다. 이 시기 루벤스는 왕성한 작품 활동을 통해 커다란 발자취를 남기는데, 가히 이전의 모든 이탈리아 회화 전통이 루벤스에게로 수렴되고 다시 루벤스로부터 확장되었고 할 정도다.

어머니가 병환으로 위독하다는 소식을 들은 루벤스는 이탈리아를 떠나 안트베르펜으로 돌아간다. 그러나 안타깝게도 그가 도착했을 때 이미 어머니는 돌아가신 후였다. 그 무렵 안트베르펜은 오랜 전쟁이 끝나고 휴전 상태에 접어들어 다시금 번성하고 활기를 띠기 시작했다. 루벤스는 안트베르펜에 정착해 작품 활동을 하면서 결혼도

하고 이사벨라 대공비의 궁정화가로도 지명받는다. 어릴 적부터 귀족의 시동으로 지내면서 지적이고 세련된 귀족들의 매너가 몸에 밴 탓에 왕족은 물론 귀족들이 루벤스의 그림과 인간미에 매료되었다.

소위 천재라고 불리는 화가 중에서 루벤스만큼 유복했던 인물도 드물다. 왕족과 귀족의 관심과 총애를 한 몸에 받았고 그만큼 베풀 줄도 알았다. 그러나 많은 것을 성취하고 많은 사람의 사랑을 받으며 행복한 삶을 살던 그였지만 죽음만큼은 비켜 갈 수 없었다. 지병인 통풍과 심장병으로 고생하던 루벤스는 1640년 자신이 사랑하는 도시 안트베르펜에서 눈을 감는다. 그의 나이 62세였다.

루벤스는 제단화를 비롯한 초상화, 역사화 등 무려 3,000여 점이 넘는 작품을 통해 예술적 재능을 꽃피웠다. 이렇게 방대한 작업량이 가능했던 것은 루벤스가 고안해 낸 효율적인 시스템 덕분이었다. 그는 중요한 드로잉은 직접 챙기고, 나머지 배경이나 마무리 작업은 제자들에게 맡기는 방식으로 작업했다. 이런 작업 공정으로 인해 그림을 의뢰할 때 특정 부분은 반드시 루벤스가 작업해야 한다는 조항을 명시하는 경우도 있었다. 예를 들어 〈마리 드 메디치의 마르세유 입항〉을 그릴 때, 메디치 왕비의 얼굴은 루벤스가 직접 그려야 한다는 조항이 있었다.

루벤스는 인간의 감정 상태를 묘사하는 능력이 탁월했다. 대표적으로 〈결박된 프로메테우스〉 속 고통으로 신음하는 프로메테우스의 표정은 가히 압권이다. 불을 훔쳤다는 이유로 제우스가 보낸 독수리에게 공격당하는 프로메테우스를 묘사한 이 그림은 루벤스의 천재

〈마리 드 메디치의 마르세유 입항〉, 1622~1625

〈결박된 프로메테우스〉, 1611~1612

성을 잘 보여 준다. 독수리는 날카로운 부리로 사슬에 묶인 프로메테우스의 옆구리를 찢고 간을 헤집어 내 뜯어 먹는다. 왼발로는 프로메테우스의 얼굴을 짓누르면서 발톱으로 오른쪽 눈을 찌르고 있다. 프로메테우스의 이 고통은 단 한 번으로 끝나지 않는다. 독수리가 간을 먹어 치우면 다시 간이 재생되어 거듭 독수리에게 공격받는 저주에 걸렸기 때문이다.

〈결박된 프로메테우스〉에서 루벤스가 보여 준 관능적이고 역동적인 인체 묘사와 공포와 고통, 절망과 저항이 공존하는 듯한 프로메테우스의 표정은 일순간 보는 이의 숨을 멎게 할 정도다. 거꾸로 매달린 프로메테우스의 몸은 팽팽한 긴장과 위태로움 속에 경련을 일으키는 듯 몸부림치고 있다. 인류에게 불을 선사한 선각자가 짊어져야 했던 가혹한 숙명, 루벤스는 그 처절한 고통의 형상 속에 인간을 향한 깊고 뜨거운 연민을 투영하고 있다.

인간의 고통에 대한 루벤스의 따뜻한 시선은 다른 작품에서도 느낄 수 있다. 다작으로 유명한 루벤스의 작품 중 대표작 하나를 꼽으라고 한다면 〈십자가에서 내려짐〉을 들 수 있다. 이 그림은 어릴 적 TV로 보았던 만화영화 〈플란다스의 개〉에서 주인공 네로가 숨을 거두기 직전까지 꼭 보고 싶어 했던 그림으로 유명하다. 만화의 결말에서 네로는 안트베르펜 성당 바닥에 앉아 염원하던 이 그림을 바라보며 파트라슈와 함께 배고픔과 추위 속에서 안타깝게 죽어 간다. 죽음을 앞둔 네로가 경이로운 눈빛으로 그림을 바라보던 장면이 눈에 선하다.

〈십자가에서 내려짐〉, 1612~1614

〈십자가에서 내려짐〉은 바로크 시대의 걸작 중 걸작이라고 평가받는다. 성모 마리아 대성당의 세 폭 제단화 중 하나로 〈십자가에 올려짐〉에 연이어 그려진 이 작품은 웅장하고 풍부한 구도와 색감, 빛과 그림자 대비를 통해 메시지를 극대화하고 있다. 마치 '바로크 양식 종교화란 이런 것이다' 하고 선언하는 듯하다. 이전 시대 이탈리아가 낳은 천재 화가들의 예술적 영감과 기법이 하나로 응집되어 있는 이 그림은 누가 보아도 경탄할 만하다. 종교를 초월해 불자가 보아도 신비로움과 성스러움을 느낄 정도이다. 루벤스는 사선으로 단순화된 구도 속에서 카라바조를 연상시키는 테네브리즘 기법을 세련되게 구사하고 있다. 빛을 통해 예수의 죽음을 부각하면서 동시에 시신을 수습하러 나선 성 요한을 비롯한 추종자들의 표정을 빠짐없이 생생하게 묘사한다.

루벤스의 수많은 그림 가운데 이 작품을 최고로 간주하는 이유는 단순히 훌륭한 구도와 기법 때문만이 아니다. 예수의 죽음을 마주한 그림 속 사람들의 심정, 말로는 다할 수 없는 슬픔이 화면 밖에 선 감상자의 가슴마저 먹먹히 적셔 오기 때문이다. 특히 세 명의 마리아, 서 있는 성모 마리아와 두 손으로 발을 받치고 있는 막달라 마리아, 기진맥진한 상태로 한 손으로 거들고 있는 클로파의 아내 마리아의 표정이 그러하다. 그들은 당장이라도 오열할 듯 눈물 맺히고 붉게 충혈된 눈으로 십자가에서 내려지는 예수를 향해 조심스레 손을 뻗고 있다.

〈십자가에서 내려짐〉 속 등장인물들이 떠받치고 있는 건 예수의 시신만이 아니다. 그것에 더한 상실과 고통의 무게이다. 삶이라는 무대에서 매 순간 투쟁하듯 살아가는 우리의 모습도 이들과 별반 다르지 않을 것이다. 버거운 삶의 무게에 괴로워하며 신음하는 모든 이들에게, 루벤스는 이렇게 따듯한 공감과 위로를 건넨다.

"힘들지? 그래도 괜찮아, 괜찮을 거야!"

공명의 감각과
영적 체험으로 이룩한 추상

바실리 칸딘스키
Wassily Kandinsky

"색채는 건반이고 눈은
망치며 영혼은 수많은
현을 가진 피아노다.
미술가는 영혼에 울림을
주기 위해 건반 하나하나를
두드리면서 연주하는 손이다."

관세음보살은 고통과 어려움에서 중생을 구제하는 자비의 화신이다. 관세음보살의 '관(觀)'은 단순히 보고 듣는 행위가 아니다. 이는 대상을 있는 그대로 비추어 보되 분별심 없이 통찰함을 의미한다. '세(世)'는 시간적 차원에서 과거·현재·미래의 삼세(三世)를, 공간적 차원에서는 상·하와 사방의 시방(十方)을 아우른다. '음(音)'은 물리적 청각 자극인 소리를 비롯하여 중생의 괴로움과 번뇌까지 포함하는 모든 진동을 의미한다.

『법화경』「관세음보살보문품」에서는 관세음보살이 중생을 구제하기 위해 32가지 모습으로 나타난다고 설한다. 이는 모든 감각이 서로 통합되어 있음을 상징적으로 보여 준다. 예를 들어 산속 깊은 암자에서 새벽 종소리를 들을 때 우리는 소리만 듣는 것이 아니다. 그 울림 속에서 새벽안개가 피어오르는 모습을 '보고', 차가운 새벽 공기를 '느끼며', 은은한 향불 냄새를 '맡는다'. 이처럼 하나의 감각은 다른 감각과 긴밀하게 연결되어 있다.

『능엄경』에서는 이를 이근원통(耳根圓通)이라 부른다. 25종 원통 중에서 관세음보살의 이근원통이 가장 뛰어나다고 보는데, 이는 청각이 가진 특별한 성질 때문이다. 시각은 앞만 볼 수 있고 촉각은 직접 접촉해야 하지만, 청각은 360도 전 방향의 소리를 동시에 알아차릴 수 있다. 더구나 잠을 잘 때도 청각은 깨어 있어 끊임없이 작용한다. 이러한 청각의 원만한 성질이 깨달음의 본성과 상통한다고 본 것이다. 20세기 초, 서구 예술의 혁명적 전환점에서 이와 놀랍도록 유사한 예술적 통찰을 보여 준 화가가 있다. 색채를 보면서 동시에 소리를 들고, 음악을 들으면서 색채를 함께 보았던 화가 바실리 칸딘스키(Wassily Kandinsky, 1866~1944)다.

바실리 칸딘스키는 1866년 모스크바의 부유한 차(茶) 상인 가문에서 태어났다. 어린 시절부터 그는 특별한 감각의 소유자였다. 다섯 살 때 그린 그림에서 이미 색채에 대한 남다른 감수성을 보였고, 음악을 들으면 색채가 보이고 색채를 보면 소리가 들리는 놀라운 공감각적 체험을 한다. 훗날 그가 바그너의 오페라 '로엔그린'을 듣고 음악에서 색채를 보는 충격적인 경험을 했다는 일화는 널리 알려진 이야기이다.

바실리 칸딘스키가 처음부터 화가를 꿈꾸었던 건 아니다. 모스크바 대학에서 법학을 전공하고 법대 교수 자리까지 제안받았던 칸딘스키에게 1896년 인생의 큰 전환점이 찾아온다. 모스크바에서 열린 프랑스 인상주의 전시회에서 만난 모네의 〈건초더미〉 연작이 그의 운명을 뒤바꾼 주인공이었다. 칸딘스키는 회고록에서 당시 심정을 이렇게 기술한다. "카탈로그를 보기 전까지 그것이 건초더미라는 것을 알아보지 못했다. 그 무능함이 나를 불안하게 했지만, 동시에 나는 회화가 상상도 못 할 만큼 큰 힘을 발휘할 수 있음을 깨달았다."

이내 바실리 칸딘스키는 안정적인 법학자의 길을 포기하고 화가가 되기 위해 뮌헨으로 떠난다. 1901년 전위예술가 그룹 '팔랑크스'를 결성해 활동하면서 가브리엘레 뮌터를 만나 깊은 예술적 교감을 나누고, 1906년부터 1년간 파리에 머물면서 야수파의 대담한 색채 사용법에 큰 영향을 받는다. 그리고 1909년 '신 예술가협회'를 설립해 독자적인 예술세계를 구축해 나간다. 칸딘스키의 급진적인 추상 실험은 보수적인 미술계로부터 거센 반발을 사는데, 이에 굴하지 않고 1911년 프란츠 마르크와 함께 '청기사' 그룹을 결성해 더욱 과감한 예술적 실험을 이어 간다.

제1차 세계대전으로 인해 러시아로 돌아가야 했던 바실리 칸딘스키는 소비에트 정권의 예술관이 보수화되자 1921년 다시 독일로 돌아와 바우하우스의 교수로 부임한다. 이후 바우하우스에서 예술 이론을 체계화하며 많은 제자를 길러 내다가, 1933년 나치가 바우하우스를 폐쇄하자 프랑스 파리 근교 뇌이쉬르센으로 이주한다. 그곳에서 말년을 보내며 자유로운 형태의 추상화를 실험하던 칸딘스키는 1944년 12월 13일 생을 마감한다. 평생을 추상미술의 개척자로서 새로운 예술 언어를 찾아 헤맸던 그는 마지막까지 "예술은 시대를 앞서가야 한다"라는 신념을 잃지 않았다.

푸른 망토를 입은 기사가 말을 타고 달린다. 휘날리는 망토 자락이 속도를 짐작게 한다. 〈청기사〉는 바실리 칸딘스키의 초기 작품으로, 그의 후기 추상 작품을 예견하는 내적 울림이 감지되는 걸작이다. 이때까지만 하더라도 칸딘스키는 구상적인 면모를 유지한다. 배경의 풍경은 현실과 초월의 경계에서 흔들리고 있으나 말을 탄 기사의 형상은 아직 구상적으로 표현되어 있다. 이 그림에서 눈여겨봐야 할 점은 화면을 지배하는 청색의 다양한 변주이다. 기사의 망토 색과 그림자, 멀리 보이는 산도 모두 청색을 띠고 있다. 청색의 농담이 여러 층위로 포개지며 번져 나가는데, 짙은 남청에서 옅은 하늘빛으로 이어지는 흐름이 질주하는 기사의 가쁜 호흡처럼 생명력을 불어넣는다. 말과 기

〈청기사〉, 1903

사가 만들어 내는 역동적인 움직임은 단순한 물리적 운동이 아니라 영적 고양을 위한 내면의 여정을 시각화한 것으로 볼 수 있다. 말의 힘찬 질주가 만들어 내는 리듬감은 음악적 진동처럼 화면 전체에 울림을 준다. 현실과 비현실의 경계를 모호하게 만든 배경 처리는 보는 이가 일상적인 지각을 넘어 깊은 영적 체험으로 나아가도록 이끈다.

〈구성 Ⅶ〉은 바실리 칸딘스키의 작품세계에서 정점에 달한 걸작으로 평가받는다. 대찰(大刹)의 법당 탱화처럼 장대하고 웅장한 이 작품은, 모든 감각이 하나로 통합되는 이근원통의 경지를 시각화한 듯하다. 거대한 캔버스(200×300cm) 위에 펼쳐진 그림은 언뜻 혼돈의 소용돌이처럼 보인다. 하지만 자세히 들여다보면, 『화엄경』의 중중무진(重重無盡)처럼 무한히 펼쳐지는 우주의 질서가 드러난다. 화면 중앙에서 폭발하듯 터져 나오는 에너지가 사방으로 확산하며 그 속에서 무수한 형태와 색채가 서로 감응하고 공명한다. 칸딘스키는 이 작품에서 색채의 영적 진동을 극대화한다. 노란색과 파란색의 강렬한 대비, 빨간색과 초록색의 섬세한 균형, 보라색과 주황색의 미묘한 울림이 어우러져 마치 우주의 교향악을 듣는 듯한 감각을 전달한다. 화면 곳곳에 등장하는 기하학적 형태들은 완전히 해체되거나 왜곡되어 있으면서도 묘하게 균형을 이룬다. 이는 선불교의 공안(公案)처럼 논리적 사고로는 포착할 수 없는 역설적 진리를 암시한다.

〈구성 Ⅶ〉은 바실리 칸딘스키가 평생을 통해 추구했던 '내적 필연성'의 궁극적 실현이다. 이러한 면모는 〈구성 Ⅷ〉에서도 이어진다. 기하학적 형태와 색채가 하나의 교향곡처럼 구성되어 있다. 큰 원과

〈구성 Ⅶ〉, 1913

〈구성 Ⅷ〉, 1923

작은 원, 직선과 곡선, 다양한 각도의 삼각형이 화면 전체에서 역동적으로 움직인다. 우주의 운행을 보는 듯 혹은 우주적 진동을 듣는 듯하다. 검은색 원을 중심으로 한 왼쪽의 따뜻한 색조와 오른쪽의 차가운 색조의 대비는 관현악의 강약과 리듬처럼 느껴진다.

〈구성 Ⅷ〉에는 시각적 요소와 청각적 요소가 하나로 융합되어 있다. 이는 불교에서 말하는 일체가 원융하게 통하는 경지를 연상시킨다. 색채가 소리가 되고 소리가 다시 색채가 되는 순환적인 지각의 세계를 보여 준다. 점, 선, 면이라는 순수한 조형 요소의 율동은 우주의 근원적 진리를 향한 다라니와도 같다.

바실리 칸딘스키는 평생 '보이는 것'과 '보이지 않는 것' 사이의 경계를 탐구했다. 칸딘스키의 작품이 오늘날까지 강력한 영감을 전해 주는 것은 그가 단지 추상미술의 선구자였기 때문만은 아니다. 『능엄경』에서 설하는 이근원통의 깨달음처럼, 칸딘스키는 하나의 감각을 통해 모든 감각을 꿰뚫어 보는 통찰에 도달했다. 그에게 시각은 물리적 자극만이 아니라 모든 감각이 하나로 통합되는 원통(圓通)의 경지였다. 칸딘스키의 작품 앞에 서면, 우리는 색채와 형태라는 물질적 현상 너머에서 울리는 영혼의 진동을 감지하게 된다. '반문문자성(反聞聞自性)', 관세음보살이 소리를 듣는 성품을 돌이켜 듣듯이 우리의 불성이 자신의 본성을 깨닫는 순간이다. 칸딘스키가 우리에게 속삭인다.

"침묵 속에서 들려오는 색채의 소리에 귀 기울여 보세요.
모든 감각이 하나로 통하는 그 순간, 무엇이 보이나요?"

강렬함과 단순함으로
내면을 극대화한 색채의 마술사

앙리 마티스
Henri Émile Benoît Matisse

"나는 균형이 잡힌
때 묻지 않은 그림을
그리고 싶다. 지친 사람에게
조용한 휴식을 제공하는
그림말이다."

우리가 매일 마주하는 세상은 온갖 현란한 색(色)으로 가득 차 있다. 하지만 대다수 사람은 그 겉모습에 현혹되어 대상이 가진 참된 본질을 보지 못한다. 눈앞의 사과를 보면서도 사과의 붉은 껍질만 볼 뿐, 그 안에 깃든 생명의 에너지나 그것을 바라보는 내 마음의 작용은 놓치고 마는 것이다. 예술 또한 마찬가지다. 오랫동안 회화는 눈에 보이는 대상을 캔버스 위에 얼마나 똑같이 재현하느냐를 두고 씨름해 왔다. 그러나 예술의 실상은 눈앞의 형상을 정교하게 모사하는 데 머물지 않는다. 대상과 마주할 때 마음 깊은 곳에서 이는 미세한 울림을 포착하는 일, 그 떨림을 하나의 세계로 길어 올리는 일이기 때문이다. 그렇게 보면 예술은 결국 수행처럼 보이는 것 너머에서 일어나는 마음의 진실을 드러내는 길이 된다.

형상에 얽매이지 않고 본질을 꿰뚫어 보는 것, 불교에서는 이를 '심안(心眼)' 혹은 '혜안(慧眼)'이라 부른다. 20세기 초, 서양 미술사에서도 이처럼 육안(肉眼)의 한계를 뛰어넘어 마음의 눈으로 세상을 다시 보려 했던 혁명적인 움직임이 일어났다. 그 중심에 앙리 마티스(Henri Émile Benoît Matisse, 1869~1954)가 있다.

마티스는 자신만의 관점으로, 마치 선사가 사자후를 토하듯 마음속 색채를 강렬하고 대담하게 드러냈다. 마티스는 고유한 색채가 대상의 형태에 종속되어 있다는 고정관념을 과감히 깨뜨렸다. 하늘은 반드시 파란색이어야 하고, 나무는 초록색이어야 한다는 분별심을 내려놓은 것이다. 대신 자신의 감정과 직관이 지시하는 대로, 내면에서 끓어오르는 생명력을 원색의 물감에 담아 거침없이 화폭에 쏟아 냈다. 그에게 색채는 단순한 시각 정보가 아니라, 영혼을 울리는 진동이자 감정을 실어 나르는 해방구였다. 우리는 그의 작품을 통해 단지 외부 세계의 재현에 그치지 않는, 인간의 마음을 돌이켜 들여다 보게 만드는 미술의 힘을 깨닫게 된다.

앙리 마티스는 '색채의 마술사', '20세기 최고의 화가'로 칭송받으며 파블로 피카소와 어깨를 나란히 한 예술가이자 야수파(野獸派) 운동의 중심인물이다. 1869년 프랑스 동북부 르 카토-캉브레지에서 태어난 그는 파리에서 2년간 법률을 공부했던 이력으로 변호사 조수로서 사회에 첫발을 내디딘다. 그러다 1890년 맹장염으로 병원에 입원해 있을 때 어머니가 사다 준 물감으로 그림을 그리기 시작하면서 예술의 길로 들어선다. 1891년 파리로 이주해 줄리앙 아카데미에서 윌리엄 부그로의 지도를 받으면서 본격적인 미술 공부를 시작한 마티스는 이후 쇠라의 제자인 구스타브 모로의 문하생이 되어 색채에 대한 깊은 이해를 쌓는다. 이 시기에 마티스는 인상주의로부터 영향을 받았는데, 특히 고흐(작품)와의 만남은 예술적 영감을 한층 끌어올리는 계기가 되었다.

인상주의의 영향을 받았다고는 하지만, 마티스는 인상주의와는 확연히 차별화되는 강렬한 원색 활용을 바탕으로 자신만의 스타일을 구축해 나간다. 이후 1904년 첫 개인전을 열고 이듬해 살롱 도톤느(Salon d'Automne) 전시회에서 '야수파'라는 새로운 미술 운동의 서막을 알린 작품 〈모자를 쓴 여인〉을 발표하면서 대중의 주목을 받게 된다. 사실 야수파라는 명칭은 호평이 아니라 평론가들의 조롱이었다. 평론가들은 이들의 그림이 마치 야수가 울부짖는 모습처럼 색채가 요동친다고 비꼬았다. 이러한 혹평에 시달리면서도 마티스는 자신만의 스타일을 고집했고 논쟁이 생겨날수록 더욱 주목받게 된다.

1906년 평생의 라이벌이자 친구인 피카소와의 만남을 통해 앙리 마티스의 작품세계는 더욱 확장되고 견고해진다. 이후 1917년 프랑스 남부 니스로 이주해 지중해성 기후와 작열하는 태양 빛 속에서 예술적 영감을 한층 끌어올린 마티스는 점점 더 단순화되고 장식적인 스타일을 발전시켜 나간다. 이 시기의 대표작인 〈춤〉과 〈음악〉에서 그 면모가 잘 드러난다.

제2차 세계대전이 한창이던 1941년, 앙리 마티스는 중병으로 휠체어 신세를 지게 된다. 하지만 신체적 제약에도 예술혼은 꺾일 줄 몰랐고, 1943년부터 색종이를 가위로 오려 붙이는 '컷아웃(Cut-outs)' 기법을 본격적으로 활용하기 시작한다. 이는 마티스의 말년을 대표하는 작업 방식이 되었다. 말년에 앙리 마티스는 1947년부터 4년간 방스의 로제르 예배당 프로젝트에 몰두한다. 성당 예배당 창문의 스테인드글라스를 만들고 그것을 설치할 건물 디자인을 맡았다. "그 성당은 작품에 헌신한 나의 전 생애의 완성을 의미했다"라고 회고할 만큼 예배당 프로젝트는 마티스의 예술적 여정의 정점과도 같았다. 실제로 이 작업은 후일 종교 미술의 새로운 지평을 열었다고 평가받는다. 1954년 11월 3일, 니스에서 85세를 일기로 눈을 감기까지 마티스는 병마와 싸우며 최후의 순간까지 예술혼을 불살랐다.

앙리 마티스의 대표작 중 하나인 〈모자를 쓴 여인〉을 보면, 강렬

〈모자를 쓴 여인〉, 1905

한 색채가 캔버스를 가득 채우다 못해 뿜어져 나온다. 화려하고 커다란 챙에서는 대담하고 거친 붓질이 느껴진다. 여인의 눈썹과 눈동자만이 선명하게 묘사되어 있을 뿐, 그 외에는 색채가 모든 윤곽과 경계를 지워 버린다. 짙은 초록색, 보라색, 파란색, 노란색, 분홍색이 서로 뒤엉켜 여인과 배경을 하나의 평면처럼 보이게 한다. 이 그림은 자신을 바라보는 아내 아멜리아를 묘사한 작품이다. 마치 작열하는 태양 속에 앉아 있는 모습을 그린 듯 색채가 하나같이 강렬하다.

그러나 이 작품의 진정한 의미는 색채의 혁명에 그치지 않는다. 앙리 마티스가 사용한 강렬한 녹색, 붉은색, 노란색은 단순히 외부 세계의 재현이 아니라 화가의 내면 의식이 투영된 것으로 해석할 수 있다. 마티스는 일상적인 색채 인식을 뛰어넘어 자신만의 내적 진실을 표현했다. 녹색 얼굴은 있는 그대로의 본질에 대한 통찰을 나타낸다. 즉, 마티스의 마음속에 저장된 감각과 정서가 캔버스 위에 표출된 것이다. 수행자가 명상으로 자신의 의식을 탐구하듯이, 마티스는 붓과 물감으로 자기 내면을 탐구하고 표현한다.

색채에 대한 앙리 마티스의 고유한 감성과 관련하여, 북아프리카 알제리 여행을 빼놓을 수 없다. 당시 작업한 〈디저트: 붉은색의 조화〉에서 마티스는 대담한 색채 활용에 대한 정의를 내리는 듯하다. 이 작품의 주인공은 여인도 아니고 정물도 아니고 배경도 아니다. 강렬한 붉은색이 작품 전체를 지배하면서 공간을 정의하고, 감정을 전달하며, 관람객의 시선을 사로잡는다.

앙리 마티스는 전통적인 원근법과 명암법을 과감히 무시하고,

〈디저트: 붉은색의 조화〉, 1908

〈춤 1〉, 1909

붉은색 색채의 힘만으로 공간감을 만들어 낸다. 벽과 선의 구분이 없어지면서 그림 전체가 하나의 카펫 혹은 태피스트리처럼 보인다. 과일 쟁반을 매만지는 여인의 모습은 페르메이르의 〈우유를 따르는 하녀〉에서 느껴지듯, 고요하지만 고조된 감흥을 불러일으킨다. 탁자 위 과일 접시와 식탁보의 꽃무늬는 붉은 배경과 대비되어 더욱 생동감이 느껴진다. 색감으로 정서적, 심리적 효과를 극대화한 이 작품을 통해 마티스는 색이 그 자체로 표현의 주체가 될 수 있음을 보여 준다.

〈춤 1〉에서 나체의 사람들이 군무를 추고 있다. 다 함께 손을 맞잡고 격렬하게 온몸을 흔들어 댄다. 무녀가 춤을 추듯 무아지경에 빠져들고 있다. 원을 그리는 춤사위에 음악이 스며들어 빠른 박자와 리듬 속에서 삶의 고통과 두려움, 갈등 같은 온갖 부정적인 에너지를 다 씻어 내는 듯하다. 생명의 리듬과 삶의 에너지가 고스란히 전달된다. 한층 고조된 몰입 속에서 손을 놓쳐 버린 한 여인이 필사적으로 팔을 뻗어 옆 사람의 손을 잡으려 애쓴다. 춤의 속도감과 경쾌함을 짐작할 수 있다. 보는 사람마저 덩달아 춤추고 싶어질 정도이다. 이렇듯 마티스는 단순하고 선명한 구도와 색채로 강렬한 메시지를 전달한다.

이러한 면모는 〈이카루스〉에서도 잘 드러난다. 태양을 향해 날아오르던 이카루스가 밀랍 날개가 녹아 버리면서 추락하는 순간을 묘사한 그림이다. 심장을 나타내는 붉은 점이 인상적이다. 희망과 절망이 교차하는 느낌이다. 추락하고 있지만 심장은 뜨겁게 뛰고 있다. 그 모습 뒤로 불꽃놀이를 하듯 별들이 빛나고 있다.

마티스가 노년의 병상에서 붓 대신 가위를 들고 오려 낸 것은 단

〈이카루스〉, 1947

순한 색종이가 아니었다. 그것은 육체적 고통과 죽음의 그림자 속에서도 결코 꺾이지 않는 예술혼, 그리고 삶을 향한 숭고한 찬가였다. 그는 진흙탕 속에서도 물들지 않고 청정한 꽃을 피우는 연꽃처럼, 무너져 가는 육체의 한계 속에서 오히려 가장 순수하고 강렬한 내면의 빛을 길어 올렸다.

마티스는 자신의 예술이 고달픈 하루를 보낸 사람들에게 편안한 안락의자가 되기를 소망했다. 오늘날, 쉴 곳 없는 불안과 경쟁 속에 내몰린 현대인들에게 그의 그림이 자비와 치유의 성소가 되는 이유가 바로 여기에 있다. 단순하게 정제된 그의 색채와 형태는 복잡한 번뇌를 내려놓고 오직 '지금 여기'의 본질에 집중하라는 무언의 가르침과도 같다.

그는 〈이카루스〉의 붉은 점을 통해 우리에게 넌지시 속삭인다. 날개가 녹아 추락하는 순간일지라도 그대의 가슴속 심장이 여전히 붉게 뛰고 있다면, 그 절망조차 찬란한 비행의 일부라고 말이다. 실패와 상실은 끝이 아니라 삶이라는 거대한 춤의 한 동작일 뿐이다. 그러니 두려워 말고 춤추자. 〈춤 1〉 속의 인물들처럼 삶이라는 거센 리듬에 온몸을 맡기자. 설령 손을 놓쳐 대열에서 이탈하더라도, 필사적으로 다시 손을 뻗어 타인과 연결되려는 그 몸짓 속에 희망이 있다. 우리는 서로에게 의지하여 존재하는 인연의 끈으로 이어져 있기 때문이다. 흘러가는 찰나의 순간을 온전히 긍정하고 사랑하는 것이야말로 중력과 같은 삶의 무게를 이겨 내고 진정한 자유로 날아오르는 유일한 길임을 마티스는 우리에게 보여 주고 있다.

공성(空性)의 진리를 역설하는 해체의 미학

파블로 피카소
Pablo Picasso

"라파엘로처럼 그림을
그리기까지 4년이 걸렸다.
하지만 아이처럼 그림을
그릴 수 있게 되기까지
내 인생 전부라는 시간이
걸렸다."

색즉시공 공즉시색(色卽是空 空卽是色), 『반야심경』에서는 물질적 현상과 공(空)은 둘이 아닌 하나라고 설한다. 불교에서 말하는 공성(空性)은 존재나 현상에 고정된 실체가 없음을 의미한다. 이는 모든 존재가 고정된 본질을 갖지 않으며 상호의존적인 관계 속에서만 존재함을 깨닫게 하는 가르침이다.

'공'은 '없음'이 아닌, 끊임없이 변화하는 연기(緣起)의 진리를 의미한다. 예를 들어, 피카소의 작품에 등장하는 인물이나 사물은 우리가 보는 실제의 모습 그대로일까? 피카소는 여러 각도에서 동시에 대상을 바라보고 이를 하나의 화면에 구현한다. 고정된 지각 방식을 해체하고 재구성하려는 혁명적인 시도이다. 그렇다고 해서 피카소가 현실 세계의 존재 자체를 부정하는 것은 아니다. 오히려 현실을 더 깊이 이해하기 위해 우리의 관습적 지각 방식을 해체하고자 한 것이다.

우리의 눈은 끊임없이 세계를 해석하고 재구성한다. 실재란 단일한 시점으로 결코 포착할 수 없으며, 캔버스 위에 그려진 이미지는 물리적 실재가 아니라 화가의 의식을 통해 해체되고 재구성된 진실의 한 단면이다. 즉, 피카소가 그림을 통해 우리에게 전하는 메시지는 '단일한 시점에서 바라본 대상의 모습이란 환영(幻影)에 불과하다'라는 통찰이다. 마치 『화엄경』의 중중무진처럼 피카소의 캔버스에서는 시점과 형태가 무한히 교차하고 중첩된다.

"예술은 거짓말이다. 하지만 그 거짓말을 통해 우리는 진실에 도달한다"라는 피카소의 말처럼 진실에 이르는 길이 반드시 정해진 것은 아니다. 때로는 형상을 해체하고 왜곡함으로써 그 너머의 공성에 더 가까이 다가갈 수 있다. 마치 선사가 일갈(一喝)로 제자의 미혹을 깨뜨리듯 대상의 형태를 해체하고 재구성하는 과정을 통해 관습적 지각의 허상을 부수고자 했던 파블로 피카소. 우리는 그의 작품을 통해 미술이 삶의 본질을 꿰뚫어 보게 하는 수행 방편임을 깨닫게 된다.

파블로 피카소(Pablo Picasso, 1881~1973)는 1881년 10월 25일, 스페인 남부 해안 도시 말라가에서 미술 교사 호세 루이스 블라스코의 아들로 태어났다. 피카소라는 성은 어머니의 성을 따른 것이다. 일찍이 아들의 비범한 재능을 알아본 아버지는 피카소가 열세 살이 되던 해 자신의 붓과 팔레트를 넘겨준다.

1895년 바르셀로나로 이주한 파블로 피카소는, 당시 스페인 최고의 미술학교로 꼽히던 마드리드 왕립 산 페르난도 미술학교에 입학해 본격적으로 미술 공부를 시작한다. 하지만 오래지 않아 전통적인 교육 방식에 염증을 느끼고 학업을 중단한다. 이후 예술적 혁명의 열기가 넘실대는 파리로 건너가 몽마르트르 화가들과 교류하면서 자신만의 예술세계를 만들어 간다. 이 시기는 이른바 피카소의 청색 시대(1901~1904)로 깊은 우울과 고독을 푸른빛으로 표현하던 시절이다. 주로 가난한 사람들, 거리의 부랑자들, 소외된 이들을 그렸던 이 기간의 작품에는 깊은 인간애와 연민의 시선이 담겨 있다.

1904년부터 시작된 '장밋빛 시대'에 파블로 피카소는 서커스의 광대와 곡예사들을 주로 그린다. 페르낭드 올리비에와 사랑에 빠지면서 푸른빛의 우울감이 분홍빛의 서정으로 바뀌었지만, 여전히 작품 속 인물들은 어딘가 쓸쓸한 분위기를 자아낸다. 피카소는 여성 편력

〈아비뇽의 여인들〉, 1907

으로 인한 많은 구설수 속에서도 생을 마감할 때까지 예술혼을 불태운다. 오히려 상대가 바뀔 때마다 새로운 화풍을 선보였으니, 그의 말대로 그가 만난 여성들이 예술적 영감의 원천이었는지도 모른다. 평생 2만 점이 넘는 작품을 남긴 파블로 피카소는 1973년 4월 8일, 프랑스 무쟁에서 93세를 일기로 눈을 감는다. 회화뿐만 아니라 매체를 가리지 않고 끊임없이 새로운 시도를 거듭해 온 피카소는 남다른 예술 정신으로 명실공히 20세기를 대표하는 현대 미술의 혁명가이자 가장 영향력 있는 예술가로 자리매김한다.

파블로 피카소의 혁명적인 발상은 어디서 온 것일까. 진정한 혁명은 1907년 〈아비뇽의 여인들〉과 함께 시작된다. 아프리카 미술의 영향을 받아 제작된 이 작품은 형태의 해체와 재구성이라는 '큐비즘(Cubism)' 혹은 '입체주의'의 시작을 알린 작품이다. 조르주 브라크와 함께 발전시킨 큐비즘은 르네상스 이래 지속되어 온 원근법과 단일 시점의 전통을 완전히 뒤엎었다고 평가받는다.

"좋은 예술가는 베끼고 위대한 예술가는 훔친다"라는 피카소의 말은 역설적이다. 그는 아프리카 미술이나 고전 회화 등 다양한 영감의 원천을 자신만의 방식으로 재해석하고 변용한다. 그 과정에서 전통적인 미술의 문법이 해체되고 낯선 시각 언어가 탄생한다. 피카소는 형태를 허물고 재구성함으로써 우리가 미처 보지 못했던 진실의 단면들을 드러내 보인다.

〈아비뇽의 여인들〉 작품 속 다섯 명의 여인은 전통적인 누드화의 관습과는 전혀 다른 느낌으로 묘사된다. 이들의 몸은 기하학적으로 분절되고, 얼굴은 아프리카 가면을 연상시키는 기괴한 형상으로 왜곡된다. 특히 오른쪽 두 여인의 얼굴은 정면과 측면이 동시에 보이는 불가능한 시점으로 처리돼 있다. 더욱 흥미로운 건 이 작품에 드러나는 공간 개념이다. 원근법이 무시되고 평면은 겹치고 교차한다. 배경과 인물의 경계가 모호해지고 형태는 서로 침투하며 융해된다. 여인들의 몸을 분절하고 재구성하여 형태를 해체함으로써 피카소는 우리의 시각적 집착을 깨뜨린다. 여기서 중요한 것은 파괴가 아닌 해체와 재구성이다. 마치 의식의 끊임없는 변화와 흐름처럼, 작품 속 여인들이 걸치고 있는 드레이퍼리(drapery)의 기하학적 주름은 불규칙하게 흐르고 교차한다.

〈만돌린을 든 소녀〉에서 큐비즘으로 대변되는 파블로 피카소의 작품세계는 한층 뚜렷해진다. 화면 속 소녀와 만돌린은 기하학적으로 해체돼 있다. 악기와 연주자의 경계가 모호해지고 둘은 하나의 리듬으로 융해된다. 형상은 공하고, 공은 곧 형상이라는 진리가 시각적으로 구현된 것이다.

눈에 띄는 건 만돌린의 처리 방식이다. 악기의 둥근 형태는 여러 각도에서 동시에 보이도록 분해돼 있다. 이는 단순한 형태의 해체가 아니라 소리의 진동과 울림을 시각화하려는 시도로 보인다. 즉, 소리의 본성을 형태로 드러내고자 한 것이다. 소녀의 형상 역시 주목할 만하다. 소녀의 얼굴과 몸은 평면적으로 해체되어 있지만 그 속에 묘한 정적이 감지된다. 연주자와 악기가 하나가 되어 울리는 순간, 주체와 객체의 구분은 사라지고 오직 음악만이 남는다. 작품의 기하학적 구

〈만돌린을 든 소녀〉, 1910

〈기타를 든 남자〉, 1912

성은 일견 차갑고 분석적으로 보이지만, 그 속에는 깊은 명상적 성찰이 담겨 있다. 〈만돌린을 든 소녀〉는 단순한 음악적 장면의 재현이 아니다. 이는 소리와 형상의 공성에 대한 깊은 명상이자, 청각과 시각의 경계를 넘어선 통찰의 순간을 포착하고 있다.

2년 후 발표한 〈기타를 든 남자〉에서는 해체와 재구성이 더욱 대담해진다. 형체를 알아볼 수 없을 만큼 인물과 악기의 경계가 더욱 모호해지고, 평면적 요소들은 더욱 철저하게 기하학적으로 변화한다. 심지어 전경과 후경의 구분마저 완전히 사라지고 모든 평면이 동등하게 중첩된다. 공간 구성의 측면에서, 〈만돌린을 든 소녀〉에는 아직 전통적인 구도의 흔적이 남아 있다고 한다면 〈기타를 든 남자〉에 이르러서는 모든 공간이 동등한 가치를 지니면서 기존의 공간 개념을 완전히 해체하고 있다.

제2차 세계대전 중 제작된 〈게르니카〉는 피카소가 단순히 해체에 머무는 것이 아니라 재구성을 통해 도전적인 메시지를 전달하고 있음을 보여 준다. 스페인 내전 중 독일군의 폭격으로 파괴된 게르니카 마을의 참상을 담은 이 작품은, 전쟁의 잔혹성과 광기를 통렬하게 고발한다. 흑백의 모노톤으로 처리된 거대한 캔버스 위에는 비명을 지르는 인간과 동물의 형상이 이리저리 뒤틀리고 뒤엉켜 있다. 이는 인간 문명이 자행한 야만성에 대한 강력한 예술적 증언이 되었다.

울부짖는 말, 쓰러진 군인, 아이를 안고 통곡하는 여인, 불타는 도시의 아우성 등은 모두 연기적 존재이다. 이들은 서로 의존하고 관통하면서 하나의 거대한 법계(法界)를 이룬다. 왜곡되고 해체된 인간

〈게르니카〉, 1937

과 동물의 형상이 전쟁의 공포와 부조리에 절규한다. 흑백으로 처리되고 단순화된 형상은 누가 누구인지 식별할 수 없게 한다. 아군인지 적군인지, 동물인지 인간인지, 국적과 종교와 인종 등 온갖 통념적인 분별이 작동하지 못한다. 오직 무자비한 폭력과 그로 인해 고통받는 생명만이 존재할 뿐이다. 그런 가운데 작품의 중심에 배치된 거대한 전구는, 중생의 고통을 깊이 응시하되 거기에 함몰되지 않는 관세음보살의 자비로운 눈길과도 같다.

파블로 피카소가 〈게르니카〉에서 보여 주는 극단적인 해체와 왜곡은 그저 하나의 표현적 실험이 아니다. 피카소는 전쟁이라는 극단적인 상황에서 무너져 내린 인간성의 실상을 적나라하게 묘사한다. 인물들의 찢어지고 뒤틀린 모습을 통해 모든 방향에서 동시에 고통을 응시하고 기록한다. 말하자면 〈게르니카〉는 인간의 무명(無明)이 빚어낸 극단적인 고통에 대한 예술적 관조이자, 그 고통을 자비로운 눈으로 직시하는 명상적 기록인 셈이다. 피카소가 우리에게 묻는다.

"이토록 절망적인 고통 앞에서,
당신은 온전히 자비의 눈을 뜨고 있습니까?"

상식의 파괴,
그곳에서 마주하는 시각적 다르마[法]

마르셀 뒤샹
Henri Robert Marcel Duchamp

"예술 작품은 작가 혼자
만드는 것이 아니다.
그것을 바라보고 의미를
부여하는 관람자도
창작 과정에 참여한다."

당나라 말기 선불교 고승인 운문문언 스님에게 한 제자가 물었다. "무엇이 부처입니까?" 운문 스님이 대답했다. "마른 똥 막대기니라." 운문 스님이 들려준 이 말은 인간의 고정된 인식 체계가 만들어 내는 모든 분별의 허상을 꿰뚫는 날카로운 칼날과도 같다. 답을 듣는 순간 제자는 기대가 무너지고 황당함에 말문이 막혀 판단이 중지된다. 마음속에 깊이 뿌리박힌 성스러움과 비천함의 이분법적 구분을 순식간에 무너뜨리는 이 가르침은, 분별하는 마음에서 비롯되는 개념적 구분과 가치 판단이 얼마나 허망한 것인지를 직설적으로 보여 준다.

이원적 분별의 경계가 무너진 무분별의 세계가 바로 깨달음이다. '즉심즉불(卽心卽佛)'의 가르침이 말해 주듯 깨달음은 멀리 있지 않다. 그것은 우리가 일상적으로 마주하는 모든 순간, 모든 사물 속에 이미 온전히 드러나 있다. 다만 분별심이 만들어 낸 장막에 가로막혀 우리가 그것을 보지 못하고 있을 뿐이다. 운문 스님은 파격적인 방식으로 이 장막을 찢어 버림으로써 우리가 완전히 새로운 인식의 차원으로 들어서게 만든다.

운문 스님과 같은 시기를 살았던 임제의현 스님의 말씀 또한 이와 크게 다르지 않다. '부처를 만나면 부처를 죽이고 조사를 만나면 조사를 죽여라', 이른바 살불살조(殺佛殺祖)의 가르침은 모든 형태의 집착으로부터 벗어날 것을 강조하는 말이다. 부처와 조사라는 숭고한 대상에 대한 집착마저 내려놓음으로써 더 높은 차원의 긍정을 향한 역설적 승화를 지향하는 것이다. 모든 집착과 분별을 내려놓을 때 비로소 드러나는 불성(佛性), 이것이 살불살조가 궁극적으로 가리키는 지점이다.

손안에 가득한 달빛을 잡으려 한들 이내 사라져 버리듯 예술의 본질 역시 고정된 형태로 붙잡으려는 순간 그것의 진정한 의미를 놓치고 만다. 깨달음처럼 예술 또한 특별한 무언가가 아닌 삶에 깃든 무엇이다. 마냥 위대하고 성스럽고 숭고한 무언가를 상상하며 쫓아가봐야 허상만 눈앞에 어른거릴 뿐이다. 이러한 삶과 예술의 진리를 직설적이고 대범하게 표현한 예술가가 있다. 번뜩이는 역설로 단박에 깨달음의 길을 열어젖힌 운문 스님과 임제 스님처럼, 대중의 의식 속에 깊이 뿌리박힌 예술에 대한 고정관념을 송두리째 무너뜨린 마르셀 뒤샹이다.

마르셀 뒤샹(Henri Robert Marcel Duchamp, 1887~1968)은 1887년 프랑스 블랭빌-크레봉에서 태어났다. 어려서부터 남다른 예술적 재능을 드러내며 형제들과 함께 창작의 세계에 빠져든 뒤샹은 1904년 파리로 이주해 아카데미 줄리앙에서 미술 공부를 시작한다. 처음에 뒤샹은 동시대 화가들처럼 인상주의와 입체파의 영향 아래 전통적인 화풍을 익힌다. 하지만 이내 기존 예술의 관습적 형식에 의문을 제기하며 본질적인 물음을 향해 나아간다.

1912년경 마르셀 뒤샹은 예술가로서 커다란 전환점을 맞이한다. 전통적인 회화의 한계를 뛰어넘어 기계적 형태와 움직임에 대한 탐구를 시작한 것이다. 이는 곧 예술의 본질과 존재에 대한 근본적 물음으로 이어진다. 이 시기에 제작된 대표작인 〈계단을 내려오는 누드 2번〉은 정적인 회화에 시간성과 운동성을 도입한 혁신적인 작품으로 평가받는다. 1915년 뉴욕으로 이주한 뒤로는 더욱 과감한 예술적 실험을 전개한다. 기성품을 예술 작품으로 전용하는 '레디메이드(ready-made)' 개념을 도입해 예술의 정의와 경계에 대한 도발적인 질문을 던진다. 이 또한 단순한 미학적 실험을 넘어 예술과 일상의 경계, 창작과 선택의 관계에 대한 철학적 탐구로 확장된다. 1920년대 이후 체스에 심취한 마르셀 뒤샹은 공식적인 예술 활동에서 멀어지지만, 이는 오히려 그의 예술적 사유를 깊이 있게 만드는 계기가 된다. 은둔하는 와중에도 뒤샹의 영향력은 더욱 커져서 후대 예술가들에게 지속적인 영감의 원천이 된다.

늘 가슴 속에 예술의 본질에 관해 물음을 품고 살았던 마르셀 뒤샹. 생을 마감하는 날까지 그는 예술 작품의 정체성을 재고하고, 일상적 지각 방식을 해체하며, 예술계의 관습과 권위에 본질적인 의문을 제기했다. 뒤샹이 세상을 떠난 지 60여 년 가까이 흐른 지금, 개념미술·설치미술·퍼포먼스 아트 등 현대 예술의 다양한 실험들은 여전히 그가 남긴 질문과 대화를 주고받고 있다.

"이것이 예술인가?" 1917년 뉴욕의 한 전시장에 'R. MuTT 1917'이라는 서명이 적힌 소변기 하나가 전시되었다. 관람객들은 당혹감과 분노, 조소와 경멸의 시선을 감추지 못했다. 마르셀 뒤샹이 〈샘[Fountain]〉이라는 제목을 붙인 이 작품은 마치 선사가 제자에게 불가해한 화두를 던지듯 예술계에 충격적인 파문을 일으켰다. 당시 전시를 기획한 독립미술가협회에서는 회비만 내면 어떤 작품이든 전시할 수 있다고 선언했다. 하지만 결국 이 소변기는 전시에서 제외되어 전시장 한쪽 구석에 방치된다. 이는 예술의 본질에 대해 파고든 방(棒)과 할(喝)이나 다름없었고 기존 예술계의 한계를 보여 주는 상징적 사건이었다. 뒤샹은 이 일을 통해 예술의 정의, 가치 판단의 주체에 대한 더 깊은 질문을 제기하는 데 성공했다.

한편 전시회가 끝나고 〈샘〉 원본이 분실되어 버렸는데, 이는 작품이 지닌 역설적 의미를 더욱 강화하는 계기가 된다. 물질적 실체의 소멸은 예술의 본질이 물리적 대상이 아닌 개념적 전환에 있다는 뒤샹의 통찰을 증명하는 듯하다. 무소득(無所得)의 깨달음처럼 예술의 진정한 의미는 형태가 없는 곳에서 피어난다. 'R. MuTT 1917'은 우리의 인식 체계 전반에 대한 근본적 도전이었다. 최근에 제기되는 작품의 진짜 저자에 대한 논란 역시, 예술이 더 이상 개인의 물리적 창작이 아닌 집단적 해석과 의미 생성의 장이 되었음을 시사한다. 〈샘〉은 100년이 넘는 시간을 지나며 현대 예술의 가장 중요한 전환점이자 영원한 화두로 자리 잡았다. 그것은 우리에게 끊임없이 '예술이란 무엇인가?'라는 질문을 던진다. 이 물음을 통해 우리는 예술의 본질뿐만 아니라 인식과 존재의 근본에 대해 다시금 성찰하게 된다.

마르셀 뒤샹의 파격적 사유는 오래전부터 그의 내면에서 싹트고 있었다. 1912년에 발표한 〈계단을 내려오는 누드 2번〉은 뒤샹의 예술적 전환을 알리는 기념비적 작품이다. 이 작품은 정적인 회화의 한계를 넘어 시간과 운동의 개념을 화면에 담아낸다. 여기서 뒤샹은 단순한 형태의 재현을 넘어 존재의 다층적 측면을 동시에 포착하고자 한다.

〈샘〉, 1917

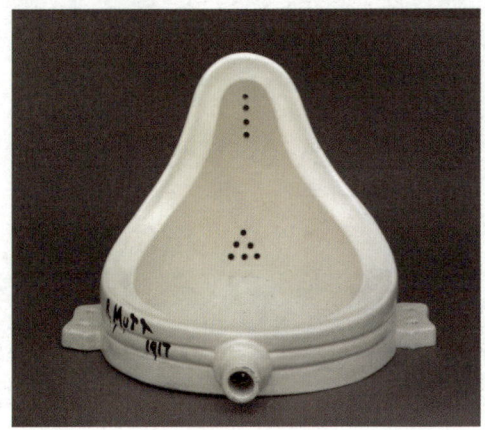

〈샘〉 복제품

〈계단을 내려오는 누드 2번〉, 1912

움직임과 시간이란 무엇일까. 뒤샹은 무상(無常)과 공(空)의 진리를 시각적으로 표현하듯 계단을 내려오는 신체를 기계적이고 분절된 형태로 해체한다. 한 걸음 한 걸음 계단을 내려오는 연속적인 동작을 표현한 이 그림은 찰나생멸(刹那生滅)의 시간을 펼쳐 놓은 듯하다. 매 순간 생성되고 소멸하는 현상의 실상이 여실히 드러난다. 뒤샹은 단일한 시점이 아닌 여러 순간을 중첩함으로써 시간의 흐름 속에서 실체가 없는 현상의 본질을 포착하고 있다. 뒤샹은 의도적으로 전통적인 누드화의 관능성을 제거한다. 육체적 실재가 해체되고 추상화됨으로써 우리는 현상계를 넘어 더 깊은 차원의 실재를 마주하게 된다. 일종의 시각적 다르마[法]라고 할 수 있다.

마르셀 뒤샹의 실험은 여기서 그치지 않는다. 〈L.H.O.O.Q.〉는 서양 미술사의 정점인 모나리자를 통해 우리의 고정된 인식과 가치 체계에 대한 파격적인 물음을 던지는 작품이다.

모나리자의 신비로운 미소 위에 더해진 수염에서 눈을 뗄 수 없다. 수염이 그려진 모나리자의 모습은 우리가 '진짜'라고 믿어 온 것에 대한 집착을 정면으로 응시하게 한다. 뒤샹은 고정된 미적 가치와 문화적 권위에 대한 집착을 해체하면서 우리의 분별심이 만들어 낸 환영을 꿰뚫어 보게 한다. 작품의 제목에 담긴 익살스러운 프랑스어 발음의 의미[엘 아 쇼 오 퀴(유): 그녀의 엉덩이는 뜨겁다]는 진지함과 희극성의 이분법을 넘어선다. 고귀함과 저속함, 성스러움과 세속적임, 진품과 복제의 이원적 구분이 무너지는 순간 우리는 진정한 깨달음의 가능성을 발견하게 된다.

⟨L.H.O.Q.⟩, 1919

마르셀 뒤샹은 이렇듯 예술적 전복을 통해 분별적 지각 방식 자체를 뒤흔든다. 예술이 우리의 어리석음과 집착을 경책하는 또 다른 죽비가 될 수 있음을 보여 준다. 마치 졸고 있는 수행자의 어깨를 내리치는 선사의 죽비처럼, 뒤샹의 위트는 우리의 굳어 버린 의식을 매섭게 타격한다. 얼얼한 충격 뒤에 찾아오는 텅 빈 침묵 속에서, 우리는 비로소 '진짜'라고 믿었던 허상과 작별하고 있는 그대로의 세상을 마주하게 된다.

찰나의 순간을
영원한 현재로 각인하다

데이비드 호크니
David Hockney

"오늘도 나는 그림을 그린다.
그림 그리기야말로 현재를
가장 강렬하게 경험하는
방식이기 때문이다."

우리는 끊임없이 흘러가는 시간 속에서 현재라는 찰나를 놓치며 살아간다. 『아비달마대비바사론』에 따라 계산해 보면 불교에서 말하는 1찰나는 75분의 1초, 약 0.013초에 해당한다. 눈동자를 한 번 끔뻑하기도 전에 찰나는 지나간다.

어떻게 하면 온전히 현재의 시선으로 세상을 바라볼 수 있을까. 상좌부 불교의 핵심 경전인 『맛지마 니까야』에 수록된 「밧데까랏따경」의 게송에서 힌트를 얻을 수 있다. "과거를 추억하지 말고 미래를 갈망하지 마라. 이미 지나간 것은 버려진 것이요, 아직 오지 않은 것은 미치지 못한 것임을 알아차려라. 지금 일어나는 현상들을 있는 그대로 꿰뚫어 보되, 흔들리지 않고 확고히 안주하라." 이 게송은 삶이란 단순히 시간관념의 문제가 아닌, 존재의 본질을 꿰뚫어 보려는 태도의 문제임을 일러 준다.

매 순간 세상은 변하고, 변화는 고통이며, 그 원인과 반응 또한 실체가 없다는 것이 무상(無常)·고(苦)·무아(無我)의 가르침이다. 마음과 현상은 순간적으로 생겨났다가 사라진다. 이렇듯 나와 세상을 이루고 있는 요소[五蘊]의 실체 없음을 통찰하는 일이 바로 수행이다. 즐겁든 불쾌하든, 그 원인이나 자신의 반응에 집착하지 않는다. 마음챙김과 명료한 이해를 바탕으로 그저 생겨남과 사라짐을 바라볼 뿐이다. 이러한 응시는 일상에 산뜻한 긴장과 생기를 불어넣고 과거나 미래가 아닌, 지금 여기로 오롯이 우리를 옮겨 놓는다.

AI 시대, 어딜 가나 사람들은 스마트폰을 들여다보면서 새로운 정보와 재미, 인연을 찾아서 분주히 눈동자와 손가락을 움직인다. 한

순간도 가만히 있지 못하고 심지어 친구나 연인을 만난 자리에서도 각자 스마트폰을 들여다보기 일쑤다. 스마트폰 화면 속에서 우리의 의식은 과거의 기억과 미래의 기대 사이를 부유한다. 우리는 SNS의 타임라인을 스크롤하며 끊임없이 과거의 순간들을 소환하고 미래의 계획들을 검색창에 입력한다. 이러한 정신적 산만함이 우리를 현재로부터 더욱 멀어지게 만든다.

모든 존재는 순간적으로 생겨났다가 사라지는 찰나적 현상이며, 우리가 '실체'라고 믿는 것은 연기적 관계망 속의 일시적 응결에 불과하다. 이러한 무상의 통찰이 허무주의로 귀결되지 않는 것은 존재의 찰나성이 역설적으로 현재의 가치를 극대화하기 때문이다. 매 순간이 돌이킬 수 없는 유일무이한 현존의 순간임을 알아차리는 자각은 일상적 경험을 깊은 심미적 관조의 대상으로 변모시킨다. 그럴 때 일상의 순간순간은 무심코 흘려보낼 수 없는 너무나도 소중한 깨달음의 순간으로 다가온다. 이를 그림으로 또렷하게 드러내 보여 준 화가가 있다. 바로 데이비드 호크니(David Hockney, 1937~)다.

데이비드 호크니는 1937년 영국 웨스트요크셔주 브래드퍼드에서 태어났다. 전후 영국의 암울했던 시기, 호크니는 어린 시절부터 예술을 통해 현실의 한계를 초월하는 법을 터득한다. 초기 작품에서부터 드러나는 강렬한 색채는 회색빛 산업도시의 일상을 뛰어넘으려는 그의 내적 열망이 투영된 것이었다. 1959년 런던 왕립 예술학교에 입학한 호크니는 당시 주류였던 추상표현주의의 영향권 아래에서도 자신만의 독자적인 예술세계를 구축해 나간다. 회화의 본질을 탐구하는 동시에 구상적 요소를 과감하게 수용하면서 그 경계를 자유롭게 넘나든다.

'예술은 우리가 세상을 보는 방식을 변화시킨다'라는 데이비드 호크니의 신념은 1960년대 초 캘리포니아로의 이주를 통해 더욱 선명하게 구현된다. 캘리포니아의 찬란한 태양 아래서 호크니는 자신의 대표작인 수영장 연작을 탄생시킨다. 그중 하나인 〈더 큰 첨벙〉에서 물의 표면에 투영된 빛의 움직임은 시각적 효과를 넘어 찰나적 현상과 영원한 현재성이 교차하는 순간을 포착한다.

1980년대부터 데이비드 호크니는 사진과 팩스, 복사기에 이르기까지 다양한 매체로 예술의 경계를 확장한다. 특히 폴라로이드 사진을 콜라주 형식으로 재구성한 '조이너 포토그래프스(Joiner Photographs)' 작업은 피카소의 다중 시점을 현대적으로 재해석한 것으로 평가받는다. 이는 단일한 시점으로는 포착할 수 없는 진실의 다면성을 드러내고자 한 시도였다. 2000년대에 들어서 고향 요크셔로 돌아온 호크니는 아이패드를 활용한 작업에 몰두한다. 디지털 매체를 통해 매일 아침 같은 장소에서 풍경화를 그림으로써 끊임없이 변하는 자연의 순간성을 포착하고, 이로써 매 순간 새롭게 경험되는 현재성의 의미를 탐구하고자 한 것이다.

데이비드 호크니는 세월을 훌쩍 넘긴 지금까지도 다양한 예술적 시도를 이어 가고 있다. 그의 최근 작품들은 더욱 강렬한 색채와 대담한 구성을 보여 주는데, 이는 마치 깨달음에 이른 수행자가 지닌 자유로움을 연상시킨다. 호크니의 그림에는 미적 쾌감에 더해, 매 순

〈더 큰 첨벙〉, 1967

간 새롭게 펼쳐지는 삶의 경이로움을 응시하는 법에 관한 다정한 속삭임이 담겨 있다.

하얀 포말과 물방울이 수면 위로 솟구친다. '첨벙' 하는 물소리가 귓가에 들리는 듯하다. 적막하고 한가로운 야외 수영장이 한순간에 요동친다. 수영장에 뛰어든 게 누구인지는 알 수 없지만, 몇 가지 정황으로 상황을 짐작할 만하다. 도약대가 오른쪽으로 살짝 기울어진 것으로 보아 수영장에 뛰어든 사람은 아마도 오른발에 힘을 주고 뛰었을 것이다. 무심한 듯 놓인 의자의 그림자는 작품 속 시간이 정오 무렵임을 말해 준다. 수직과 직각으로 묘사된 건물과 창문에 비친 맞은편 건물의 그림자, 심지어 의자마저 직선이다. 반면 물보라는 다양하게 뻗은 곡선과 무정형, 불규칙한 모양을 하고 있어서 대조를 이룬다. 한낮의 고요와 직선으로 이뤄진 배경이 순식간에 '첨벙' 하는 이 찰나의 순간으로 소용돌이치듯 모인다.

〈더 큰 첨벙〉은 수영장이라는 평범한 공간에서 찰나와 영원이 교차하는 순간을 포착한 명상적 작품이다. 수면 위로 튀어 오르는 물방울은 '찰나생멸(刹那生滅)'을 보여 준다. 물방울이 튀어 오른 순간은 영원히 정지된 것처럼 보이지만, 실제로는 이미 지나간 과거이자 곧 사라질 미래이다.

수영장과 물에 대한 데이비드 호크니의 통찰은 이후에도 이어진다. 〈예술가의 초상(두 인물이 있는 수영장)〉을 살펴보자. 이 작품은 화면이 크게 두 개의 차원으로 나뉜다. 물속에서 수영하는 인물과 밖에 서서 이를 내려다보는 인물. 두 차원의 대비는 단순한 공간적 구분을

〈예술가의 초상(두 인물이 있는 수영장)〉, 1972

넘어선다. 물속 인물의 움직임은 찰나적이면서 영원하다. 물속에서 유영하는 순간은 끊임없이 흘러가는 시간에 속박되지만, 회화적 포착을 통해 그 순간은 영원한 현재로 정지된다. 서 있는 인물의 시선은 작품의 또 다른 층위를 형성한다. 그의 시선은 사물의 겉모습을 관찰하는 응시라기보다 존재에 대한 근원적 물음을 던지고 있는 듯하다.

특히 이 작품에서 주목해야 할 점은 빛의 처리 방식이다. 캘리포니아의 강렬한 태양 빛은 물속으로 스며들어 무수한 패턴을 만들어 낸다. 빛과 물이 만나 생기는 찰나적 패턴들은 서로를 비추고 반사하며 무한한 인드라망을 형성한다. "나는 물이 어떻게 움직이는지 끊임없이 관찰했다"라는 호크니의 말에서, 그가 일차원적인 관찰을 넘어 명상의 여정을 지나왔음을 미루어 짐작해 볼 수 있다.

데이비드 호크니가 시도한 순간 포착은 관계를 바라보는 시선에서 더욱 두드러진다. 대표적인 작품으로 〈클라크 부부와 퍼시〉, 〈나의 부모님〉을 들 수 있다.

〈나의 부모님〉에서 호크니는 부모님을 소재로 활용해 존재의 시작과 비(非) 동시성을 탐구하는 명상적 공간을 만들어 낸다. 이 작품의 화면 구성은 의미심장한 삼각 구도를 이룬다. 신문을 읽고 있는 아버지와 다소곳이 두 손을 모은 채 앞을 바라보는 어머니, 그리고 그들 사이에 놓인 직사각형 거울은 각기 다른 법계(法界)에 속한 듯 분리되어 있으면서 동시에 서로 의존한다. 아버지에게 호크니의 시선은 안중에도 없다. 이 순간 자신의 역할에는 영 흥미가 없다는 듯 신문을 향한 아버지의 시선은 세속적인 시간성과 일상의 흐름을 대변한다.

〈클라크 부부와 퍼시〉, 1970~1971

〈나의 부모님〉, 1977

반면 정면을 응시하는 어머니의 시선은 마치 시간이 정지된 듯 영원한 현재성을 보여 준다.

여기서 중요한 건 거울의 존재다. 그림 속 거울은 사물을 비추는 반사체로서 존재한다기보다 예술과 실재, 현상과 본질이 교차하는 법계의 상징이다. 얼핏 어머니와 아버지 사이를 갈라놓은 듯 보이지만 실은 서로 다른 두 존재를 이어 주는 역할을 하고 있는 셈이다. "나는 부모님을 그리면서 시간 자체를 그리고 있었다"라는 호크니의 말처럼, 이 작품은 단순한 초상화가 아니다. 이것은 존재에 관한 근본적인 물음을 탐구하는 호크니만의 명상 순간이자 그에 관한 기록이다.

이처럼 데이비드 호크니는 작품을 통해 '지금 여기'를 영원한 현재로 승화하면서, 숨 가쁘게 돌아가는 현실 속에서 언제나 잊지 말아야 할 '찰나'에 대해 속삭인다. 그 찰나는 스쳐 지나가는 작은 틈처럼 보이지만, 마음을 기울이면 그 안에 온 우주와 내 삶의 모든 것이 온전히 담겨 있음을 발견하게 된다. 호크니의 화면 앞에 서면 우리는 비로소 시간의 소음을 잠시 내려놓고 한순간이 품고 있는 깊고 고요한 숨결을 맞닥뜨리게 된다. 그 고요는 오래도록 마음속에서 잔물결처럼 번져 나가며, 다시 일상의 매 순간을 오롯이 되살려 낸다.

4 부

경계를 허물다

고독,
더 깊은 연결로 나아가는 문

에드워드 호퍼
Edward Hopper

"말로 표현할 수 있었다면,
굳이 그림을 그릴 필요가
없었을 겁니다."

해지는 바닷가를 홀로 거닐거나, 깊은 산속 암자 법당 마루에 걸터앉아 풍경소리를 듣거나, 창문을 두드리는 빗소리에 마음을 적시거나, 출근길 카페에서 갓 내린 커피 향을 맡을 때, 우리는 문득 시간이 멈춰버린 듯한 고요의 순간과 마주한다. 그 짧은 정적을 스쳐 가는 감정은 외로움일 수도 있고 그리움일 수도 있다. 혹 누군가는 가슴 시린 고독을 느낄지도 모른다. 요즘 사람들은 이런 고요함의 순간을 잠시도 견디지 못해 스마트폰을 만지작거리거나 친구에게 메시지를 보내는 등 서둘러 거기에서 벗어나려 한다. 하지만 이 시간이야말로 진정한 나와 오롯이 마주할 수 있는 소중한 순간이다.

『숫타니파타』「코뿔소의 경」에 다음과 같은 구절이 나온다. "소리에 놀라지 않는 사자처럼, 그물에 걸리지 않는 바람처럼, 진흙에 더럽히지 않는 연꽃처럼, 코뿔소의 뿔처럼 혼자서 가라." 이는 얽히고설킨 온갖 관계, 즉 집착과 욕망의 사슬에서 벗어나라는 가르침이다. 붓다는 이 세상이 '두카(duḥkha, 苦)'라고 말한다. 인생은 숱한 고통과 불만족으로 가득 차 있다는 것이다. 갈애와 집착에서 비롯된 이 고통의 바다에서, 우리는 끊임없이 외부의 무언가에 의지하고 집착한다. 그러나 진정한 평온은 외부가 아닌 내면에서 찾아야 한다.

기술의 진보로 언제든 쉽게 서로 연결될 수 있는 시대라지만, 역설적으로 유사 이래 가장 깊은 고독을 느끼며 살아가는 현대인들에게 붓다는 말한다. 고독을 피하지 말고 직면하라고! 고독을 통해 우리는 온갖 망상과 집착에서 벗어나 진정한 자유를 경험할 수 있기 때문이다. 바다 한가운데에 떠 있는 섬과 같이 살아가는 수행자의 마음은 고독 속에서 평화와 자유, 일체중생과 깊은 연결을 경험한다. 고독은 단절이 아니라 모든 것과 더 깊은 연결되는 또 다른 문이 되어 준다. 에드워드 호퍼는 이렇듯 고요한 고독의 순간을 캔버스에 담아냄으로써 사람들이 자기 존재의 본질에 다가설 기회를 제공한다.

에드워드 호퍼(Edward Hopper, 1882~1967)는 1882년 미국 뉴욕주 나이악의 중산층 가정에서 태어났다. 내성적인 아이였던 호퍼는 어려서부터 혼자 그림을 그리거나 책 읽기를 즐겼다. 열 살 때 이미 그림에 서명을 남기기 시작했고, 나이악 고등학교에 다니는 동안 학교 신문의 삽화를 그리기도 했다. 1899년 뉴욕 미술학교에 입학한 호퍼는 윌리엄 메릿 체이스와 로버트 헨리 같은 저명한 화가의 사실주의 전통을 배우면서 도시의 일상을 관찰하는 안목을 기른다.

1906년 이후 에드워드 호퍼는 예술적 견문을 넓히기 위해 파리를 비롯해 유럽 각지를 여행한다. 이 시기에 유럽 인상주의 화가들의 작품을 접하게 되지만, 이를 모방하기보다 자신만의 예술세계를 추구하면서 미국의 도시 풍경을 그려 나간다. 고국으로 돌아온 호퍼는 생계를 위해 상업 일러스트레이터로 일하다가, 1913년 맨해튼의 워싱턴 스퀘어 근처에 평생의 작업실을 마련한다. 비록 그해 열린 아모리 쇼에서 작품 하나가 팔리지만 이후 10년간 그의 작품은 대중적 관심을 얻지 못한다. 이에 호퍼는 에칭과 판화 작업으로 눈을 돌려 이 분야에서 성공을 거둔다.

1923년 화가 조세핀 니비슨(Josephine Verstille Nivison, 1883~1968, 일명 '조')과의 만남은 에드워드 호퍼의 삶과 예술에 중요한 변화를 불러

온 사건이었다. 1924년 결혼한 두 사람은 뉴욕의 스튜디오와 케이프 코드의 여름 별장을 오가며 생활한다. 조는 호퍼의 작품 모델로 활동하면서 그의 작품을 상세히 기록한다. 1920년대 중반부터 마침내 화가로서 인정받기 시작한 호퍼는 1924년 브루클린 미술관 전시회를 계기로 수채화에서 유화로 작업 중심을 옮긴다.

1933년 뉴욕 현대미술관(MoMA)에서 열린 첫 회고전을 통해 에드워드 호퍼는 미국을 대표하는 사실주의 화가로서 위상을 굳힌다. 대공황과 제2차 세계대전 시기에도 호퍼는 작품 활동을 이어 가는데, 〈밤을 지새우는 사람들〉을 비롯한 여러 작품을 통해 미국 사회의 고독과 소외, 일상을 담아낸다. 호퍼는 말년으로 갈수록 더욱 단순하면서도 심리적 깊이가 있는 작품세계를 보여 준다.

1967년 5월 15일, 에드워드 호퍼는 뉴욕에 있는 자신의 스튜디오에서 84세의 나이로 생을 마감한다. 아내 조 또한 10개월 후 그의 뒤를 따른다. 두 사람이 남긴 예술 작품과 자료는 뉴욕 휘트니 미술관에 기증된다. 호퍼의 유산은 팝아트를 비롯한 20세기 미술에 지대한 영향을 미쳤으며, 영화·사진·문학 등 다양한 예술 분야에도 영감을 주었다. 무엇보다 현대 도시인의 고독과 그 안에서 발견되는 고요한 아름다움을 담아낸 그의 작품들은 오늘날까지 많은 사람에게 깊은 울림과 공감을 불러일으키고 있다.

깊은 밤, 유리로 둘러싸인 다이너(diner) 안의 밝은 불빛이 텅 빈 거리를 비춘다. 건물 모서리에 자리한 삼각형 모양의 다이너는 마치 깊은 바다에 떠 있는 고독한 섬과도 같다. 형광등 빛 아래 세 명의 손

〈밤을 지새우는 사람들〉, 1942

님과 한 명의 종업원이 있지만, 그들 사이에는 보이지 않는 벽이 존재한다. 붉은 옷을 입은 여인과 그 옆의 남자는 한 쌍으로 보이지만, 그들조차 서로를 바라보지 않는다. 여인은 손에 쥔 무언가를 응시하고 남자는 딴생각을 하는 듯 멍한 시선을 던지고 있다. 식당 모서리 쪽에 앉은 고독한 남자는 등을 보인 채 자신만의 세계에 빠져 있다. 창밖은 어둠으로 가득 차 있고 거리에는 단 한 사람도 없다. 에드워드 호퍼의 대표작 〈밤을 지새우는 사람들〉에 묘사된 도시의 밤 풍경이다.

이 작품에서 주목해야 할 것은 강렬한 빛과 어둠의 대비이다. 다이너 내부의 형광등 불빛은 인물들의 고독을 없애 주기보다 오히려 더욱 강조한다. 밝은 빛 속에 있는 인물들의 얼굴에는 그림자가 드리워져 있고, 그들은 어둠에 둘러싸인 유리 상자 안에 갇혀 있다. 안팎에서 서로를 들여다볼 수 있는 투명한 다이너의 유리창은 단순한 물리적 경계만이 아니라 내부와 외부, 빛과 어둠, 존재와 부재 사이의 미묘한 경계를 상징한다. 가까이 있지만 진정한 소통이 부재한 상태, 보면서도 보지 못하는 오늘날의 역설적인 현실을 말해 주는 듯하다. 이렇듯 인생의 고독을 포착하는 호퍼의 시선은 파리 유학 시절로 거슬러 올라간다.

푸른 저녁 빛 아래, 사람들이 카페 테라스에 모여 있다. 테이블 중앙에는 하얀 얼굴 분장을 한 광대가 담배를 피우며 술병을 응시한다. 그의 얼굴에는 웃음이 사라진 지 오래다. 맞은편 자리에는 견장을 단 군복 차림의 남성과 담배를 입에 문 예술가처럼 보이는 남성이 앉아 있다. 오른쪽 테이블에는 연인으로 보이는 신사와 파티복을 입은

〈푸른 밤〉, 1914

여인이 앉아 있고, 왼쪽 테이블에는 한 남성이 팔짱을 긴 채 담배를 물고서 외롭게 홀로 앉아 있다. 그 뒤로 얼굴에 빨간 분칠을 하고 빨간색 립스틱을 바른 여인이 한껏 턱을 치켜올린 채 오만한 표정으로 걸어 들어오고 있다. 지금 이 순간, 이들은 같은 공간을 공유하고 있지만 서로에게 시선을 향하지 않는다.

〈푸른 밤〉은 파리의 밤 카페에서 벌어지는 단절의 순간을 그리고 있다. 특히 하얀 분장을 한 광대의 모습이 눈에 띈다. 세상에 웃음을 전하는 게 일인 그가 오히려 가장 우울한 표정으로 앉아 있는 모습이 쓸쓸하다 못해 애처롭기까지 하다. 주변의 다른 사람들 역시 밝은 조명 아래 있지만 저마다 자신만의 그림자를 품고 있다. 이처럼 에드워드 호퍼는 누군가와 함께 있을 때조차 우리는 혼자일 수밖에 없다는 실존적 진실을 화폭 안에 섬세하게 담아낸다.

한편 〈호텔 창가의 여인〉에는 현대인의 고독과 명상적 순간이 동시에 드러난다. 쏟아지는 아침 햇살 속에서, 방금 잠에서 깬 듯한 한 여인이 침대 위에 앉아 가만히 창밖을 바라보고 있다. 햇살이 그녀의 얼굴과 몸을 비추고, 어두운 벽에는 창문 모양의 네모난 빛이 길게 드리워져 있다. 이 작품에서 가장 강렬한 요소는 빛이다. 여인은 온몸으로 빛을 받아들이며, 외롭지만 평화로운 명상에 빠져 있는 듯하다. 모든 것이 변하고 흘러가는 무상한 세계에서 이 순간만큼은 햇살과 함께 온전히 현재에 머물고 있다.

에드워드 호퍼의 캔버스 위에 펼쳐진 고독의 풍경들은 단순한 외로움의 기록이 아니다. 그는 현대 도시인의 실존적 상황을 직시하

〈호텔 창가의 여인〉, 1952

면서도 그 안에 있는 고요한 아름다움과 내면의 빛을 함께 포착한다. 이로써 고독 속에서 발견할 수 있는 내적 평화와 자족의 가능성을 일깨운다. 가장 외로운 순간에 우리는 무언가와 가장 깊이 연결될 수 있음을, 고독이야말로 모든 존재와 근원적으로 맞닿을 수 있는 시간임을 속삭인다.

> "지금 이 순간, 혼자여서 외롭나요? 비로소 당신은
> 자기 자신과 마주할 수 있게 되었습니다."

말과 형상,
나조차 사라져 버리는 침묵의 자리

마크 로스코
Mark Rothko

"내 작품 앞에서 해야 할 일은
단지 침묵이다."

인간이 눈으로 세상을 바라보고 언어로 그것을 담아내는 것은 실로 경이로운 일이지만, 동시에 이는 수많은 오해와 단절을 초래하기도 한다. 우리가 보는 것은 실제 세상의 단편일 뿐이며 그것을 표현하는 말 또한 진실과는 거리가 있다. 그래서일까. 불교에서는 언어의 한계를 넘어선 직접적 체험을 중시한다.

『금강경』에서는 "모든 형상 있는 것은 다 허망하니, 만약 형상이 형상 아님을 본다면 곧 여래를 보리라"라고 설한다. 이는 궁극적 진리가 형상과 언어로 온전히 표현될 수 없음을 의미한다. 선불교의 '불립문자(不立文字)'와 '직지인심(直指人心)' 역시 말과 글자에 의존하지 않고 마음을 직접 가리키는 수행법을 강조한다. 또 육조혜능 스님은 『육조대사법보단경』에서 "본래 한 물건도 없는데, 어디에 티끌이 있겠는가"라고 하여 근원적 공(空)의 세계를 드러냈다.

살면서 때로는 시선을 안으로 거둬들이고 때로는 침묵해야 하는 이유가 여기에 있다. 침묵은 단순한 말의 부재가 아니라, 모든 분별적 사유를 초월한 절대적 깨달음의 상태를 말한다. 마치 심우도(尋牛圖) 속 목동과도 같다. 잃어버린 소를 찾아 헤매던 목동이 소를 찾아 집으로 돌아온다[騎牛歸家]. 모든 것이 내 마음에서 비롯됨을 깨달은 목동은 점차 소를 잊고[忘牛存人], 마침내 자기 자신마저도 잊는다[人牛俱忘]. 온 세상이 공하고 충만하다.

이렇듯 형상과 언어가 사라지고 나조차 사라져 버리는 자리, 겉으로 보이는 모습 너머에 있는 존재의 본질을 꿰뚫어 보는 통찰력이 발휘되는 그 순간에 우리는 비로소 진정한 침묵을 경험하게 된다. 이러한 침묵의 경지를 색채로 표현한 화가가 있다. 형상 없는 형상으로 존재의 실상을 드러낸 마크 로스코(Mark Rothko, 1903~1970)다.

마크 로스코는 당시 러시아 제국이었던 라트비아 드빈스크에서 유대인 가정의 넷째 아들로 태어났다. 어린 시절부터 종교적 박해와 차별을 받은 그는, 열 살 때 가족과 함께 미국으로 이주해 이질적인 문화와 언어 속에서 성장한다. 그로 인해 어디에도 귀속되지 못한 경계인으로서의 정체성을 형성한다. 예일대학교에 진학한 뒤 2년 만에 중퇴한 그는 뉴욕으로 보금자리를 옮겨 예술의 세계로 입문한다.

로스코는 초기에 구상화를 주로 그렸지만, 1940년대를 지나며 점차 자신만의 독특한 추상 양식을 발전시킨다. 처음에는 외부 세계의 현상을 재현하는 데 집중하다가 점차 형상을 단순화하고, 마침내 모든 구체적인 형태를 초월해 본질적인 것만을 남기는 방향으로 나아간다. 특히 제2차 세계대전의 참상과 유럽에서 벌어진 홀로코스트는 로스코의 예술관에 깊은 영향을 미친다. 전통적인 구상화로는 인류가 경험한 끔찍한 비극과 존재론적 공포를 표현할 수 없다고 느낀 그는 점점 더 추상적이고 원초적인 형태의 표현에 몰두한다.

1950년대 로스코는 자신의 대표적 화풍인 '색면 추상[Color Field Painting]'을 완성한다. 캔버스 위에 수평으로 펼쳐진 직사각형 형태의 색채 블록들은 명확한 경계 없이 서로 스며들고 진동하며, 보는 이로 하여금 색채의 바다에 빠져들게 한다. 로스코는 갈수록 큰 캔버스를 사용하기 시작하는데, "작은 그림은 친밀감을 만들지만 큰 그림은 당신을 그 안에 들어가게 만든다"라며 그 이유를 설명한다. 그리고

로스코 채플 내부 모습

1960년대로 접어들면서 밝고 선명했던 색채가 짙은 자주색, 깊은 청색, 검은색 등으로 대체된다. 그 과정에서 로스코는 휴스턴에 세워질 일명 '로스코 채플(Rothko Chapel)' 작업을 진행한다.

1971년 비종교적 명상 공간으로 개관한 '로스코 채플'에는 1964년부터 1967년까지 로스코가 작업한 14점의 대형 회화가 벽을 채우고 있다. 검은색에 가까운 짙은 보라색 패널들은 처음에는 단색으로 보이지만, 시간을 두고 바라보면 무수한 색조와 깊이가 드러난다. 로스코 채플의 작품들은 특정 종교의 상징이나 도상을 거부하면서도 보편적인 영적 체험을 추구한다. 이는 이원적 대립을 초월한 통합적 인식과 맞닿아 있다. 로스코는 색채와 형태의 이분법, 구상과 추상의 구분, 심지어 명과 암의 대립까지도 초월하려 한다.

마크 로스코는 1970년 2월 25일, 67세의 나이로 자신의 작업실에서 스스로 생을 마감한다. 로스코의 죽음은 그의 예술과 삶에 관한 많은 질문거리를 던져 주었다. 특히 그가 숨을 거두기 직전까지 작업한 〈무제[Untitled-Black on Gray]〉 연작을 둘러싸고 다양한 해석이 제기된다. 어떤 이들은 이 어두운 색조의 작품들을 로스코의 우울증과 절망의 직접적인 반영으로 보지만, 다른 이들은 새로운 예술적 방향의 시작점이자 존재의 본질에 대한 가장 순수한 탐구로 해석한다.

하나의 캔버스에 세 가지 색면이 보인다. 상단의 갈색, 중간의 청록색, 두 색이 합쳐진 하단의 어두운 색면이다. 이 색면들은 서로 다른 듯하면서도 하나의 통일된 시각적 경험을 만들어 낸다. 처음에는 단순한 색면의 배열로 보이던 것이 점차 심오한 공간감으로 변화한다.

〈무제〉, 1969~1970

마치 호흡하듯 색면들이 팽창하고 수축하며, 때로는 앞으로 나오고 때로는 뒤로 물러나는 듯한 느낌마저 든다. 언뜻 보면 견고한 실제로 존재하는 듯하면서도 동시에 그 경계가 모호해지면서 꿈틀거린다.

작품 〈No. 61(갈색과 청록색)〉은 마크 로스코의 색면 추상이 절정에 달한 시기의 걸작으로 꼽힌다. 이 작품 앞에 앉아서 깊이 숨을 들이마시노라면, 의식이 점차 일상의 분주함에서 벗어나 어느새 고요한 사유의 공간에 머물게 된다. 참선하며 잡념을 내려놓듯 로스코의 색면은 우리를 내면의 세계로 인도한다. 상상력이 개입할 여지를 남기지 않는 단순함 속에서, 오히려 더 깊은 내면의 소리를 듣게 되는 역설이다.

이처럼 관람자는 종종 로스코의 작품 앞에서 일종의 명상적 체험을 하게 된다. 나아가 화두를 참구하는 선불교 수행자처럼 분별적 사고를 넘어선 직관적 통찰에 이르게 된다. 이에 대해 로스코는 "내 그림 앞에서 눈물을 흘리는 사람들은 내가 그림을 그릴 때 경험했던 것과 같은 종교적 체험을 하는 것"이라고 말한다. 그 순간 그림은 단순한 미적 대상이 아니라 불교의 만다라처럼 수행의 도구가 된다. 우리가 잃어버린 내면의 고요, 본래면목(本來面目)을 되찾는 통로가 되어주는 것이다. 색채의 진동과 호흡 속에서, 관람자는 어느새 심우도 속 목동이 되어 색채도 잊고 자기 자신도 잊어버린다. 모든 것이 사라지고 오직 있는 그대로의 현존만이 남아 있는 인우구망의 체험이다.

마크 로스코는 〈주황, 빨강, 노랑〉이라는 작품을 통해 자신이 삶에서 거쳐 온 고통과 번뇌의 시간을 솔직하게 고백한다. 마치 영혼의

⟨No. 61(갈색, 청록색)⟩, 1953

깊은 곳에 난 상처에서 붉은 선혈이 배어 나오듯, 고통스럽지만 외면할 수 없는 존재의 실상을 적나라하게 드러낸다. 가만히 중간의 네모꼴을 응시하고 있으면 점차 시선은 상단의 노란색과 하단의 주황색으로 확장되고, 색채들 사이의 미묘한 진동과 호흡이 느껴진다. 거리를 두고 바라보면 세 개의 분명한 색면으로 보이지만 가까이 다가가면 경계가 모호해진다. 주황색과 빨간색의 경계, 빨간색과 노란색의 경계는 뚜렷하면서도 서로에게 스며들어 있다.

이 작품의 가장 인상적인 측면은 색채의 온도감이다. 따뜻한 주황색, 강렬한 붉은색, 밝은 노란색이 어우러져 만들어 낸 내면의 불꽃. 로스코는 이 세 가지 색채의 미묘한 변주를 통해 인간 존재의 근원적 열정과 고통을 드러낸다. 마치 지금 이 순간 내 안에서 일어나는 미세한 감각들에 주의를 기울이라고 말하는 듯하다. 작가 한강은 로스코의 작품에서 드러나는 이러한 본질성을 눈여겨본 후 "한 사람의 영혼을 갈라서／ 안을 보여 준다면 이런 것이겠지(『서랍에 저녁을 넣어 두었다』, 〈마크 로스코와 나2〉 중)"라는 시구절로 자신의 내면 풍경을 묘사하기도 했다.

아마도 마크 로스코는 수많은 차별과 비난, 성공의 이면에 감춰진 주변의 시기와 질투 등 끈질기게 자신을 괴롭히는 고통 가운데서 숨죽여 울었을 것이다. 그 침묵의 울음을 색면이라는 예술로 승화시켰던 게 아닐까. 자기 내면에 웅크리고 있는 상처받은 아이를 향한 쓸쓸한 그 위로가 영혼을 울리는 작품이 되어 오늘날 사람들의 아픔을 무던히도 어루만져 주고 있다.

〈주황, 빨강, 노랑〉, 1961

무아지경 속 혼돈과 질서가
만들어 내는 조화

잭슨 폴록

Paul Jackson Pollock

"그림을 그릴 때, 나는 내가
무엇을 하는지 의식하지
않는다. 그림을 그린 후에야
무엇을 했는지 발견한다.
나는 스스로를 제한하지 않는다."

한 남자가 붓을 들고 춤을 추듯 역동적으로 온몸을 움직인다. 바닥에 캔버스를 깔고 붓에 물감을 듬뿍 적신 뒤, 물감을 뚝뚝 떨어뜨리거나 휘갈기듯 붓을 그어 흩뿌린다. 그림을 그리는지 춤을 추는지 분간이 되지 않는다. 마치 전위예술을 보는 듯하다. 그마저 성에 차지 않는지 아예 캔버스 위에 에나멜 물감을 부어 버리고, 다시 붓을 튕겨 물감을 뚝뚝 떨어뜨린다. 이어서 페인트 통 바닥에 구멍을 내 물감을 흘리거나 튜브를 짜서 물감을 쏟아 낸다. 그렇게 완성된 그림에는 담배꽁초와 모래 등이 박혀 있고, 수없이 마르고 덧칠되기를 반복한 물감의 두꺼운 질감이 남아 있다.

이 남자가 몰입하는 순간, 고요함 속에 폭풍이 몰아치듯 시간이 거칠게 움직인다. 그렸다기보다는 그려지게 내버려둔, 의도보다 우연으로 만들어 낸 효과가 압도적이다. 정해진 패턴이나 반복, 구심점도 없어 보이지만 묘하게 아름답다. 봄날 들녘에 만발한 갖가지 꽃들이 제멋대로 피어나면서도 서로 조화를 이루며 눈부시게 찬란한 것과 같다. 말 그대로 꽃으로 장엄한 화엄(華嚴), 사사무애법계(事事無碍法界)이다.

『화엄경』에서는 우주의 모든 사물과 현상이 홀로 있거나 홀로 일어나는 법이 없으며, 끝없는 시간과 공간 속에서 서로 원인이 되어 서로에게 스미고 융합한다고 본다. 이처럼 시공간의 경계를 초월한 화엄세계는 모든 존재의 무한한 가능성이 드러나는 장(場)이 된다. 이러한 궁극적 실재의 세계를 '십현연기(十玄緣起)'라는 열 가지 특징으로 나누어 강설한 화엄종 스승들처럼, 세상의 존재와 현상이 어떻게 어우러지고 또 서로를 지탱하는지를 그림으로 보여 준 화가가 있다. 잭슨 폴록(Paul Jackson Pollock, 1912~1956)이다.

잭슨 폴록은 1912년 미국 서부 와이오밍주에서 태어났다. 광활한 대지의 원시적 자연과 아메리카 원주민의 샤머니즘적 의식을 체화하며 자란 폴록은, 유럽 모더니즘을 흡수하면서도 내면에서 자발적으로 솟아오르는 직관과 무의식의 목소리에 귀 기울이며 관습적 예술의 한계를 뛰어넘으려 시도한다. 이른바 '추상표현주의'를 통해 선, 색, 드로잉과 회화의 전통적 개념을 재정의한다.

1940년대 중반 잭슨 폴록은 예술사의 궤도를 바꿀 결정적인 도약을 감행한다. 이젤과 붓을 버리고 바닥에 캔버스를 펼친 채 춤추듯 그 위를 움직이며 물감을 흩뿌리는 '드립 페인팅' 기법을 선보인다. 역동적인 작가의 몸짓, 허공을 가로지르는 물감의 궤적, 중력에 의해 아래로 떨어지는 물감의 물리적 속성, 이를 바라보는 관객의 시선까지 모두 하나의 공간에서 서로에게 스며들고 합쳐진다. 그는 1956년 비극적인 자동차 사고로 생을 마감할 때까지 예술을 통한 직관적 초월과 우주적 자아의 발견이라는 형이상학적 탐구를 멈추지 않는다. 폴록의 캔버스는 십현연기의 원리가 시각적으로 드러난 명상의 장, 선적(禪的) 파격의 장이었다.

수많은 실타래가 엉킨 듯한 혹은 깊은 숲속 나뭇가지에 봄눈이 내려앉은 듯한 광경이 거대한 캔버스를 가득 메우고 있다. 제멋대로 뻗어나간 곡선들은 색과 형상을 가로지르면서 다시 새로운 색과 형상을 만들어 낸다. 화면에는 중심도 경계도 없다. 우주의 모든 현상이

〈원: 넘버 31〉, 1950

상호의존할 뿐 독립적인 실체가 없음을 보여 주는 듯하다.

〈원: 넘버 31〉에서 무수한 선과 점, 그 사이의 공백은 음악적 리듬처럼 공명하며 혼돈과 질서가 교차하는 독특한 시공간을 형성한다. 현상을 이루는 각각의 요소는 앞서거나 뒤서는 것 없이 서로를 충만하게 받아들이고 반응한다. 이는 십현연기에서 말하는 '동시구족상응문(同時具足相應門)'이다. 또한 작가의 내면에서 분출된 무의식적 에너지와 자연의 힘, 그리고 감상자의 감정이 한데 어우러져 들판의 들꽃처럼 자유롭게 피어난다. 모든 요소가 서로 간섭하고 영향을 주고받으면서도 고유한 모습과 성격을 잃지 않는다. 이는 '일다상용부동문(一多相容不同門)'이다.

수많은 선과 색, 사물과 현상이 어우러져 작품을 이루는 가운데 어느 하나만 빠져도 완전해질 수 없다. 작은 것들이 모여 전체를 이루고 전체는 또한 작은 것들 없이는 존재할 수 없으니, 이는 '제법상즉자재문(諸法相卽自在門)'이다. 캔버스 위 혼돈 속에는 우연히 튀긴 물감 방울과 의도적으로 만들어진 흔적이 함께 자리한다. 특히 빼꼭히 채워진 선과 점, 물감의 층위는 생멸과 교차, 재배열을 거듭하는 과정에서 인드라망처럼 모든 존재를 잇는 마디가 된다. 이 마디들은 겹겹이 서로를 비추며 끝없이 펼쳐진다. 곧 '인다라망경계문(因陀羅網境界門)'이다.

잭슨 폴록의 연기적 시선은 〈가을의 리듬: 넘버 30〉에서도 계속된다. 세로 2m, 가로 5m가 넘는 거대한 캔버스 위에 펼쳐진 물감의 흐름은 가을 낙엽이 바람에 흩날리듯 자유롭다. 단풍이 절정일 때 이

〈가을의 리듬: 넘버 30〉, 1950

〈블루 폴스: 넘버 11〉, 1952

미 낙엽이 될 운명을 품고 있듯이 생성과 소멸이 하나의 연속 과정임을 깨닫게 한다. 『화엄경』에 나오는 "한 찰나 속에 삼세(三世)가 모두 들어 있다"라는 가르침처럼, 폴록의 작품에는 과거와 현재와 미래가 동시에 펼쳐지지만 결국 그것들은 한 생각[一念] 안에 있다. 즉 '십세격법이성문(十世隔法異成門)'이다.

검은색, 흰색, 갈색 물감이 서로 교차하며 만들어 내는 극도로 미묘하고도 세밀한 패턴은 각각 다른 모든 것을 포함하면서도 동시에 독립적이다. 말하자면 '미세상용안립문(微細相容安立門)'을 보여 준다. 작품 속 어떤 선도 영원히 지속되지 않고, 어떤 형태도 완전히 고정되지 않는다. 모든 선과 점은 서로 의존해 존재하면서 자신을 숨기려 하지만, 반대로 서로에게 의존한 덕분에 함께 드러난다. 이는 '비밀은현구성문(秘密隱顯俱成門)'과 통한다.

혼돈 속에서 리듬과 질서를 찾아가는 여정은 잭슨 폴록의 후기 작품에서도 이어지며 밀도를 더해 간다. 특히 〈블루 폴스: 넘버 11〉은 드립 페인팅 기법이 절정에 달한 시기에 완성한 걸작이다. 가로 5m에 달하는 거대한 캔버스 위에 수직으로 서 있는 여덟 개의 파란 기둥은 우주의 축처럼 화면을 가로지르며 중심축을 형성한다. 복잡한 물감의 흐름 속에서 파란 기둥들이 명상 중 떠오르는 본질적 통찰처럼 질서를 부여한다. 순일함과 복잡함이 공존하는 이 모습은 마치 혼돈의 바다에서 깨달음으로 인도하는 가르침, 팔정도(八正道)의 기둥처럼 보인다. 이는 '제장순잡구덕문(諸藏純雜具德門)'을 떠올리게 한다.

각 기둥 사이에 펼쳐진 공간은 생성과 소멸을 반복하는 생명과 마음, 그리고 우주의 역사를 담고 있는 듯하다. 물감이 튀고 흘러내리고 부딪치고 겹치는 과정은 생로병사, 즉 생주이멸(生住異滅)과 성주괴공(成住壞空)의 순환을 드러내며, 이 모든 것이 한 마음에서 비롯되었음을 보여 준다. 이를테면 '유심회전선성문(唯心廻轉善成門)'과 같다.

한편 작품의 붉은색, 노란색, 흰색 물감의 격렬한 움직임과 파란 기둥들 사이의 긴장과 조화는 삼라만상의 현상계와 그 속에서 드러나는 진리의 기둥이 때로는 대립하면서도 결국에는 조화를 이루는 장면을 연상시킨다. 이 다양한 존재와 사물 그대로가 진리이며, 매 순간 생성과 소멸을 반복하는 과정 자체가 실재임을 일깨운다. 다시 말해 현상과 본질이 둘이 아니라는 가르침을 시각적으로 구현한 것이다. '탁사현법생해문(托事顯法生解門)'을 보는 듯하다.

처음 잭슨 폴록의 작품을 마주하면 압도적인 혼돈에 휩싸인다. 하지만 시간이 지나면서 점차 패턴과 질서를 발견하게 된다. 폴록이 창조한 시각적 소용돌이 속에서 역설적으로 우리는 고요와 평정을 경험한다. 혼돈과 질서, 우연과 필연, 현상과 본질이 서로 분리되지 않고 하나로 어우러지는 화엄세계 말이다. 감상자는 작품 앞에서 분별심을 내려놓고 있는 그대로의 현상을 관조하는 명상적 체험을 하게 된다.

거대한 연기의 그물망 속에서 한 점 물감의 반짝임과 곡선이 서로에게 스며드는 지점을 바라보고, 그 안에 흐르는 침묵과 긴장을 관조하는 동안 우리는 내면 깊은 곳에 잠재해 있던 소리 없는 물결이 우주 전체와 공명하고 있음을 깨닫는다. 거기서 일어나는 소용돌이 같은 감흥과 침묵은 존재의 근원을 꿰뚫는 거울이 되어 우리가 우주의 일부가 아닌 우주 자체임을 실감게 한다. 이처럼 폴록의 캔버스에는 존재 그대로가 진리라는 열 가지 연기의 모습이 무궁무진하게 펼쳐지고 있다.

잭슨 폴록이 바닥에 펼쳐 놓은 거대한 캔버스는 어쩌면 우리가 매일 마주하는 삶의 축소판일지도 모른다. 우리는 늘 계획대로 되지 않는 현실을 탓하고, 예고 없이 튀어 오른 물감 자국 같은 실수와 실패에 좌절하곤 한다. 하지만 폴록은 그 통제 불가능한 우연과 혼돈조차 거대한 아름다움의 일부가 될 수 있음을 웅변한다. 그의 그림이 보여 주듯이 우리 인생 또한 정해진 밑그림을 따라 색칠하는 '채색 공부'가 아니라, 매 순간의 직관과 흐름에 몸을 맡기는 '춤'이어야 하지 않을까.

화엄의 십현연기가 우리에게 건네는 위로 또한 여기에 있다. 우연히 맺어진 듯한 옷깃의 스침, 찰나의 인연, 심지어 나를 힘들게 하는 고통조차도 홀로 일어난 것이 아니다. 그것은 거대한 우주의 인드라망 속에서 서로가 서로에게 원인이 되고 결과가 되어 만들어진 필연적인 조화다. 내가 무심코 흩뿌린 말 한마디가 타인의 가슴에 파장을 일으키고, 타인의 행동이 다시 나의 삶에 새로운 색을 입힌다. 우리는 고립된 점이 아니라, 서로에게 스며들고 섞이며 거대한 캔버스를 채워 가는 공동의 창작자들인 셈이다.

그러니 삶의 불확실성 앞에서 너무 두려워하거나 위축될 필요는 없다. 폴록이 붓끝에서 떨어지는 물감을 통제하려 들지 않고 그 낙

하의 궤적을 긍정했듯이, 나에게 닥쳐 오는 예측 불허의 상황들을 기꺼이 받아들여 보자. 엉키면 엉킨 대로, 번지면 번진 대로 그 또한 내 삶의 고유한 질감임을 인정할 때 비로소 자유로워질 수 있다. 이것이 바로 걸림 없는 삶, 즉 '사사무애'의 경지다.

내가 밟아 온 모든 궤적, 내가 흘린 땀방울과 눈물, 나를 스쳐 간 모든 인연이 모여 지금의 나라는 우주를 이루었다. 잭슨 폴록의 그림이 난해해 보이면서도 아름다운 이유는 그 안에 거짓 없는 생명력이 꿈틀대기 때문이다. 삶 또한 그렇다. 지금 내가 서 있는 이 자리가 우주의 중심이며, 내가 살아가는 매 순간이 꽃으로 장엄한 화엄의 세계다. 나라는 캔버스 위에서 마음껏 춤추고, 흩뿌리고, 사랑하라.

붕괴하는 시공간,
인식의 틀을 깨부수다

살바도르 달리
Salvador Domingo Felipe Jacinto Dalí i Domènech

"초현실주의는 파괴적이다.
하지만 그것은 오직 우리의
시야를 제한하는 족쇄라고
여겨지는 것들만 파괴한다."

『금강경』「여리실견분」에서는 "만약 모든 형상이 형상 아님을 본다면 곧 여래를 보리라"라고 설한다. 여기서 '형상'은 눈에 보이는 외형만을 뜻하지 않는다. 우리가 '사물', '나', '세계', '시간', '현실'이라고 부르는 모든 개념과 관념, 모든 분별의 틀을 포함한다. 즉 우리가 실체라고 믿어 온 모든 것들이다. 『금강경』은 이 모든 형상이 실제로는 고정된 실체가 아니며, 인연에 기대어 나타났다가 사라지는 현상일 뿐임을 밝힌다. 형상은 있으나 실체가 없고, 존재하나 붙잡을 수 없다. 그래서 "형상은 형상이 아니다[非相]"라고 말하는 것이다. 이때 "여래를 본다[卽見如來]"라는 것은 부처의 육신을 본다는 뜻이 아니다. 형상에 속지 않고, 현상의 이면에 흐르는 무상과 무아의 진실을 꿰뚫을 때 비로소 세계의 참모습이 드러난다는 의미이다.

이러한 통찰은 살바도르 달리(Salvador Domingo Felipe Jacinto Dalí i Domènech, 1904~1989)의 작품을 감상하는 하나의 열쇠가 된다. 그의 화폭 속 사물들은 단단하게 존재하는 것처럼 보이지 않는다. 시계는 녹아내리고, 신체는 길게 늘어나고, 바위는 흐물거리며, 그림자는 본체보다 더 실재감 있게 드러난다. 달리는 사물이 있는 그대로 존재한다는 전제를 철저하게 의심했다. 사물은 고정된 형상이 아니라 무의식의 흐름, 기억의 흔적, 욕망의 조각, 공포의 그림자 속에서 끝없이 변모하는 비형상[非相]의 존재들이다. 그는 사물의 껍데기를 벗겨 내고 그 이면에 숨은 서로 얽혀 끊임없이 변해 가는 실상을 드러내고자 했다.

달리의 세계는 단일한 현실이 아니라 서로 다른 결들이 중첩된 공간이다. 의식과 무의식이 뒤엉키고 꿈과 현실, 사건과 기억의 층이 서로 스며들고 흔들리며 경계가 모호해진다. 그의 작품 앞에 서면 처음에는 기괴한 형상처럼 보이던 것이 점차 형상을 잃고 흐름만 남는다. 형태를 보는 것이 아니라 형상이 사라지는 장면을 보게 된다. 바로 이 자리에서 『금강경』이 설하는 "모든 형상이 본래 형상이 아님을 보게 된다"라는 통찰과 마주한다. 달리가 녹여 내고자 한 것은 시계가 아니라 우리의 인식이다. 그가 뒤틀었던 것은 사물이 아니라 형상에 대한 우리의 관념과 집착이다. 그리고 그가 허물고자 했던 것은 세상 자체가 아니라 우리가 진실이라고 믿어 온 환영이다. 달리의 화폭은 『금강경』이 말한 그 자리, 형상 너머의 세계, 본래면목이 드러나는 침묵의 공간으로 우리를 이끌어 간다. 그의 그림 앞에서 우리는 형상에 대한 고정관념이 조용히 녹아내리는 순간을 맞이하게 된다.

1904년 스페인 피게레스에서 태어난 살바도르 달리의 생은 온전한 '나'로서가 아니라 타인의 대리자라는 숙명과 함께 시작된다. 요절한 형의 이름을 그대로 물려받은 그는 자신이 죽은 자의 흔적 위에 덧씌워진 존재라는 사실을 깨닫게 된다. 그래서였을까? 달리는 자아의 경계나 현실의 고정성에 관한 근원적 의구심을 품게 된다. 이 특별한 감수성은 훗날 그의 예술세계에서 사물의 변형과 재구성이라는 독창적 방법론의 토대가 된다.

마드리드 왕립 미술학교 시절, 달리는 기성 체제와 관습적 기준에 도전하며 반항한다. 이 시기 달리는 스페인이 낳은 천재 시인 페데리코 가르시아 로르카, 스크린 위에 무의식을 펼쳐 낸 영화감독 루이스 부뉴엘과 교류한다. 달리는 이 만남을 통해 무의식과 상징의 세계

〈봄의 첫날〉, 1929

로 발을 들여놓게 되고, 일상적 현실 너머의 차원을 작품 속에 구현하는 역량을 키워 간다. 1920년대 말 파리로 무대를 옮긴 달리는 초현실주의[Surréalisme] 운동의 중심인물로 부상한다. 하지만 그의 개인주의적 성향과 정치적 입장을 둘러싼 논쟁은 결국 그룹과의 단절을 초래한다. 이 분리는 역설적으로 그만의 독특한 예술세계를 더욱 선명하게 확립하는 계기가 된다. 그 과정에서 연인 갈라와 운명적으로 만난다. 달리는 갈라를 단순한 동반자 이상의 뮤즈로 여기며, 그녀와의 교감을 통해 내면의 혼돈을 조율하고 예술적 비전을 구체화한다.

제2차 세계대전 이후 미국에서의 체류는 달리에게 새로운 사유의 지평을 열어 주었다. 현대 과학, 특히 원자물리학의 발견들은 물질이 고정된 실체가 아닌 에너지의 응집과 분산이라는 사실을 보여 주었다. 이는 그가 평생 추구해 온 현실의 유동성에 대한 직관과 공명하며 '핵 신비주의[Nuclear Mysticism]'라는 독자적 예술 철학을 정립하는 밑거름이 된다. 달리는 말년에 이르러 점차 세상과 거리를 두었지만, 현실과 자아의 경계를 탐구하고 재구성하는 시도는 멈추지 않았다. 1989년 1월 23일 자신이 태어난 곳이자 영혼의 안식처인 피게레스의 갈라테이아 탑에서 생의 마지막 숨을 고른 달리는, 마치 자신의 캔버스 위에서 흘러내리던 시계처럼 유한한 육체의 시간을 넘어 영원이라는 무한의 바다로 고요히 스며들었다.

해변 위에 세 개의 시계가 흐물거리며 늘어져 있다. 마치 절대적이고 견고한 시간 개념이 한순간에 무너지는 듯하다. 시계는 더 이상 측정의 도구가 아니라, 형태를 잃고 녹아내리는 하나의 생명체처럼

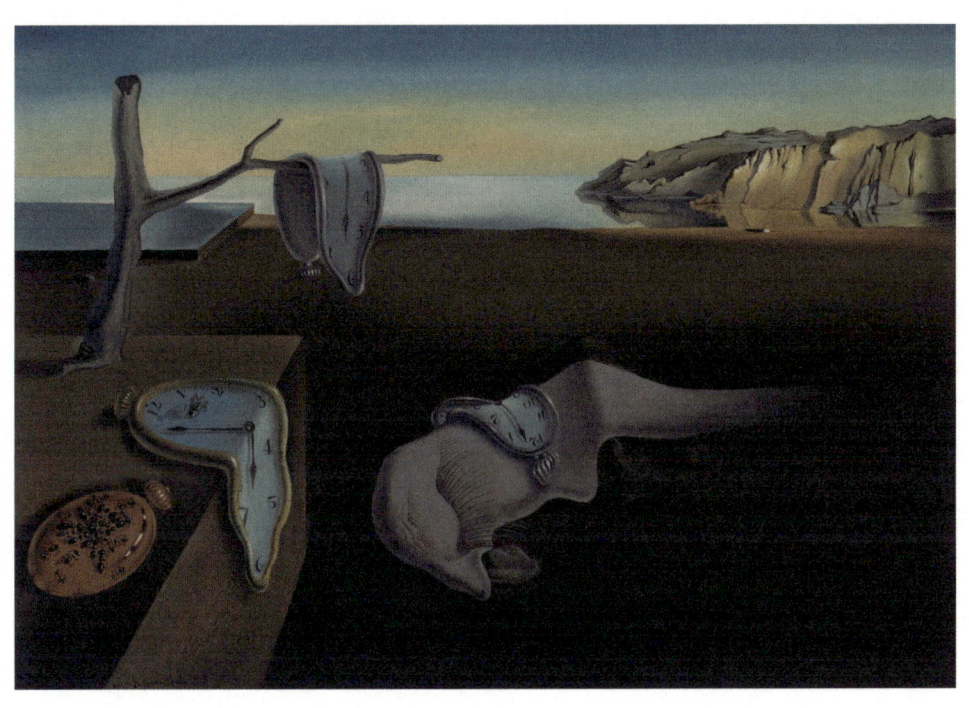

〈기억의 지속〉, 1931

꿈틀거리며 실체성을 잃어버린다. 달리는 〈기억의 지속〉을 통해 "시간은 과연 실재하는가?"라는 질문을 던진다.

불교에서는 시간 또한 고정된 실체가 아니라 생겨났다 사라지는 '찰나생멸(刹那生滅)'의 흐름으로 이해한다. 더 나아가『금강경』은 '과거심불가득 현재심불가득 미래심불가득(過去心不可得 現在心不可得 未來心不可得)'이라고 설한다. 이는 과거의 마음·현재의 마음·미래의 마음, 이른바 시간의 세 국면 중 어느 것도 집착하거나 얻을 수 없다는 뜻이다. 과거는 이미 지나갔으니 붙잡을 수 없고, 미래는 아직 오지 않았으니 얻을 수 없다. 현재조차 붙잡으려는 찰나 이미 지나가 버리고 만다. 결국 시간은 물질적이거나 고정된 존재가 아니라 마음이 조작해 낸 개념에 불과하다는 것이다.

달리는 이 작품에서 시간뿐만 아니라 자아에 관해서도 흥미로운 시선을 던진다. 작품의 화면 가운데에 있는 기묘한 형상은 말이 누워 있는 것인지 사람 얼굴의 눈썹인지 알 수가 없다. 아마도 달리의 자아를 은유하는 모호한 얼굴인 듯하다. 눈, 코, 입의 흔적만 남긴 채 잠들어 있는 이 형상은 자아가 고정된 중심이 아니라 무의식, 기억, 꿈의 파편으로 구성된 불안정한 존재임을 보여 준다. 이는 불교가 말하는 무아(無我), 즉 고정된 자아가 없다는 통찰과 맞닿는다. '나'라고 부르는 실체는 사실 찰나마다 달라지는 감정과 생각의 모임일 뿐 단단한 중심이 없다. 이렇게 달리는 자아를 일그러뜨려 정체성의 취약함을 드러낸다. 이렇게 해체된 세계에서 남는 것은 오히려 더 선명한 진실이다. 모든 것은 변하며, 그 변화를 붙잡으려는 마음이 고통을 만들어 낸다는 사실이다.

자아를 바라보는 달리의 특별한 시선은 〈나르키소스의 변신〉에서도 잘 드러난다. 달리는 자아가 자기 자신에게 매혹되는 과정을 조각처럼 멈춰 세운다. 화면 왼편의 인물은 자신의 모습을 바라보는 순간 점차 형태를 잃어 가고, 오른편에서는 같은 자세의 돌덩이가 손처럼 솟아 있다. 이는 '자아'라고 부르는 것이 실체적 존재가 아니며, 순간적 감정과 욕망이 만들어 낸 이미지에 불과하다는 사실을 드러낸다. 그런데도 우리 삶은 자아라는 성을 견고하게 쌓기 위해 끊임없이 욕망한다. 그 욕망은 달리의 작품에서 종종 불꽃으로 형상화된다.

〈불타는 기린〉에서 타오르는 불길은 단순한 공포의 상징이 아니다. 욕망이 자신을 집어삼키는 방식에 대한 직관적 묘사다. 욕망은 외부에서 침입하는 힘이 아니라 마음속에서 피어오르는 불꽃이며, 붙잡을수록 더욱 격렬해진다. 달리는 이 불꽃을 회피하지 않고 정면에서 바라본다. 불이 꺼지기 전까지 번뇌의 전체 모습을 응시한다. 화폭 중심에 등장하는 여성의 몸에는 열린 서랍들이 층층이 박혀 있는데, 이는 우리가 내면에 은밀히 쌓아 둔 무의식의 기억과 욕망의 덩어리를 상징한다. 하지만 이 기이한 육체는 스스로 서 있지 못하고 등 뒤의 위태로운 지팡이에 의지해 간신히 균형을 잡고 있다. 이는 우리가 견고하다고 믿는 자아가 집착이라는 외부의 지지대 없이는 찰나의 시간조차 버텨 내지 못하는 연약하고 공허한 껍데기일 뿐임을 보여 준다.

그러나 욕망과 자아의 분열을 다루는 달리의 방식은 냉소적이거나 파괴적이지 않다. 욕망은 숨겨야 할 것이 아니라 들여다봐야 할

〈나르키소스의 변신〉, 1937

〈불타는 기린〉, 1937

내면의 그림자이며, 그것을 응시할 때 비로소 자아의 진짜 모습이 드러나기 때문이다. 그래서 그는 욕망이 어떻게 형상을 바꾸고 자아를 분열시키며 세계를 낯설게 만드는지 끝까지 추적한다. 달리의 그림 앞에 서면 제일 먼저 괴이한 인상이 들기 마련이지만, 좀 더 유심히 들여다보면 우리 내면이 어떻게 일그러져 있으며 어떻게 다시 하나로 합쳐지는지를 보게 된다. 이것이 바로 달리가 남긴 솔직한 기록이며, 그의 예술이 단순한 상징의 과잉을 넘어 깊이 있는 내적 탐구로 다가오는 이유이다.

달리가 궁극적으로 무너뜨리려 했던 것은 눈앞의 사물이 아니라 그 사물을 규정짓는 우리의 굳어진 인식이다. 달리는 우리에게 익숙한 모든 기준을 잠시 멈추게 하고, 분별이 사라진 자리에서 새로운 눈을 뜨게 한다. '이것은 무엇인가?'라는 익숙한 물음 대신, 화폭 너머에서 조용히 그리고 집요하게 우리를 바라보며 말을 건넨다.

"당신이 현실이라 믿었던 세계는,
아직 그곳에 있나요?"

연기(緣起)의 눈으로 바라본
시뮬라크르 세상

앤디 워홀
Andy Warhol

"모든 사람이 예술가다."

"인연 없이 생겨난 법은 없으니,

　모든 법은 공하지 않은 것이 없다."

　– 용수, 『근본 중송』 제24장 「관사제품」 19번 게송

모든 사물이 공(空)하다면, 사물은 어떻게 존재하고 변화하며 우리가 경험하는 세계의 실상은 어떠한가? 용수는 세상의 모든 존재와 현상이 공하다고 말한다. 존재를 지탱한다고 믿어 온 독립적이고 고유한 본질, 즉 자성(自性)을 해체하면서 '있는 그대로의 세계'라 불려 온 풍경 뒤에 펼쳐진 연기의 그물과 무수한 빈틈을 응시하게 만든다. 용수가 펼친 중관 사상은 '없음[無]'을 숭배하는 허무주의나 '있음[有]'을 붙드는 실재론이 아닌, 조건 발생의 중심에서 두 극단을 놓는 길이다.

　연기(緣起)로 드러나는 공성은 빛이 스칠 때마다 색을 바꾸는 무지개 필름처럼 대상이 고정되지 않기에 끝없이 다채로운 상호의존의 스펙트럼을 드러낸다. 마치 잠깐 나타났다가 사라지는 아침 이슬처럼 모든 현상은 본래 자성이 없어 조건이 허물어지면 흔적도 없이 사라져 버린다. 이 단순한 사실을 깨닫는 순간 영원히 남을 것이라 믿었던 명성과 권력, 나아가 '나'라는 존재마저 실체가 없음을 알게 된다.

　장 보드리야르의 '시뮬라크르(Simulacre)' 개념은 이런 맥락에서 용수의 시선과 닮았다. 시뮬라크르란 원본 없이 복제된 이미지가 오히려 현실을 대신하거나 뛰어넘는 기호의 세계를 뜻한다. 다시 말해, 원본과 복사본의 위계질서가 완전히 무너져 버린 상황에서 복사본이 오히려 원본보다 더 실재적으로 느껴지는 현상을 가리킨다. 예를 들

어, 테마파크와 같은 가상의 공간처럼 실제로 존재한 적 없는 허구적 공간이 오히려 실제보다 더 강렬하게 현실감을 제공하는 현상이다.

더 나아가 이러한 이미지가 오히려 현실을 재구성하고 변화시키는 영향력을 행사하기도 한다. 허구적 이미지가 현실의 모델이 되어 도시의 모습과 쇼핑 공간의 풍경을 변화시키는 경우가 생긴다. 결국 원본과 허구의 경계가 불분명해지고 허구가 현실을 압도하는 상황이 발생한다. 바로 이 지점에서, 허상과 실재의 경계선이 흐려진 현대에 그 환영의 본질을 명료하게 드러낸 화가 앤디 워홀(Andy Warhol, 1928~1987)이 떠오른다. 앤디 워홀은 원본의 권위를 해체하는 방식으로 이미지를 무한히 반복하고 복제하는 예술적 실험을 통해 현실과 이미지 사이의 모호해진 경계를 날카롭게 파헤쳤다. 그는 이미지와 실재 사이의 이분법적 경계를 무너뜨리며, 예술 작품조차 연기적 관계 속에서 본질적 실체 없이 출현하고 소멸하는 현상임을 예리하게 보여 주었다.

앤디 워홀은 1928년 미국 펜실베이니아주 피츠버그의 가난한 체코계 이민자 가정에서 태어났다. 탄광에서 일하는 아버지와 독실한 가톨릭 신자인 어머니 사이에서 자란 워홀은 여덟 살 무렵 신경계 질환으로 몇 달간 침상에 머물러야 했다. 이 시기 어머니가 건네준 잡지와 영화배우 사진을 오려 붙이며 만든 콜라주 작업은 훗날 그의 예술적 영감이 된다. 병약했던 어린 시절, 직접 경험할 수 없는 세계를 이미지를 통해 상상하며 보낸 시간이 그만의 독특한 시각을 형성한 것이다. 1945년 카네기 공과대학에 진학한 워홀은 회화와 디자인을 공부하고 졸업 후 뉴욕으로 건너가 상업 일러스트레이터로서 경력을 시작한다. 뉴욕의 매디슨가 광고계에서 성공을 거둔 그는 광고의 본질이 실제로는 존재하지 않는 완벽한 이미지나 환상을 판매하는 것임을 통찰한다.

1960년대 초 워홀은 당시 뉴욕 화단을 주도했던 추상표현주의와는 정반대로 일상 속 대중 이미지를 활용하는 작품들을 선보이면서 팝아트 운동의 중심으로 부상한다. 특히 그의 작품 〈캠벨 수프 캔〉은 상품과 예술의 경계를 허물며 큰 주목을 받는다. 이후 그는 전통적인 회화 방식 대신 실크스크린 기법을 사용해 작품을 대량생산하는 방식을 택했는데, 이를 통해 작가의 개성보다는 이미지 자체에 초점을 맞추는 새로운 미학적 접근을 제시한다. 1963년 워홀은 뉴욕에 마련한 자신의 작업 공간을 '팩토리(Factory)'라 명명하고 조수들과 함께 집단으로 작품을 제작한다. 이 방식은 예술이 공산품처럼 생산될 수 있다는 개념을 실현한 것이었다. 그러다 1968년 급진적 페미니스트 작가인 발레리 솔라나스에게 총격을 당하는데, 다행히 목숨은 건졌지만 이로 인해 심각한 후유증을 겪게 된다.

이후에도 워홀은 메릴린 먼로, 마오쩌둥, 엘비스 프레슬리 등 유명인의 초상화를 제작하며 미디어에 의해 소비되는 현대인의 이미지에 주목한다. 1980년대 들어서는 장 미셸 바스키아나 키스 해링과 같은 젊은 예술가들과 협업하며 작품 활동을 이어 간다. 그러나 1987년 2월 22일, 담낭 수술 이후 발생한 합병증으로 인해 58세의 나이로 생을 마감한다.

가로 4m가 넘는 거대한 캔버스 전체에 메릴린 먼로의 얼굴이

〈메릴린 먼로 두 폭〉, 1962

50개나 반복돼 있다. 왼쪽 절반은 화려한 색채로, 오른쪽 절반은 흑백으로 처리돼 있어 마치 제단화의 이중 패널처럼 보인다. 하지만 〈메릴린 먼로 두 폭〉에 그려진 얼굴은 모두 미묘하게 다르다. 실크스크린 인쇄 과정에서 발생한 우발적 변화들이 각각의 이미지를 독특하게 만든 것이다. 어떤 것은 잉크가 부족해 흐릿하고, 어떤 것은 과도하게 진해 얼굴 윤곽이 뭉개져 있다. 또 어떤 것은 인쇄가 어긋나 이중으로 보이거나 색이 번져 있다. 완벽한 복제를 의도했지만 결과적으로 변주의 향연이 펼쳐진 것이다. 동시에 오른쪽 흑백 부분은 전혀 다른 이야기를 들려준다. 색채의 화려함이 사라진 자리에 죽음의 그림자가 드리워져 있다. 같은 이미지를 반복 인쇄하면서 점점 흐려지고 마침내 거의 사라진다. 마치 기억이 시간과 함께 퇴색되듯 혹은 생명이 서서히 소멸해 가듯 말이다.

위홀이 사용한 원본 이미지는 1953년 영화 〈나이아가라〉의 홍보용 스틸 사진이다. 위홀은 이 사진을 실크스크린으로 복제하면서 원본으로부터 멀어진 허상의 허상을 만들어 냈다. 여기서 '진짜' 메릴린은 누구일까? 노르마 진 베이커라는 실제 여인일까, 영화 속 메릴린일까, 아니면 홍보 사진 속 메릴린일까? 위홀은 의도적으로 삶과 죽음, 명성과 소멸, 현실과 환상을 나란히 배치했다.

왼쪽의 화려한 컬러는 메릴린이 살아 있을 때의 찬란한 명성을, 오른쪽의 퇴색되는 흑백은 죽음 이후의 망각을 상징한다. 하지만 역설적으로 죽음을 통해 메릴린은 오히려 영원한 이미지가 되었다. 개별적 인간 메릴린 먼로는 사라졌지만 이미지로서의 메릴린은 영원히

〈캠벨 수프 캔〉, 1962

복제되며 살아남은 것이다. 어쩌면 현대 사회에서 진정한 불멸은 육체의 영생이 아니라 이미지의 영속적 복제를 통해서만 가능한지도 모른다. 워홀의 메릴린들은 그래서 더욱 애잔하다. 그들은 죽음을 넘어선 영원한 생명이면서 동시에 공허한 껍데기이기 때문이다.

앞서 언급한 〈캠벨 수프 캔〉도 이와 다르지 않다. 갤러리 한복판에 32개의 작은 캔버스가 격자 형태로 나란히 걸려 있다. 각각의 화면에는 캠벨 수프 깡통이 하나씩 그려져 있다. 이 단순해 보이는 작품 앞에서 우리는 근본적인 질문과 마주한다. "실제 깡통과 그려진 깡통 사이에 본질적 차이가 있는가?" 워홀이 재현한 것은 수프 자체가 아니라 수프 깡통의 상표 디자인이다. 워홀은 상업적 인쇄물의 평면적 질감을 의도적으로 재현함으로써 원본과 복사본의 구분을 무의미하게 만든다. 우리가 경험하는 것은 상품 자체가 아니라 브랜딩이 만들어낸 허상이다.

화면 전체를 가득 채운 네 송이의 꽃이 강렬한 색채로 피어나 있다. 짙고 밝은 분홍색, 노란색, 주황색. 자연에서는 결코 볼 수 없는 인공적인 색깔들이다. 꽃잎은 마치 네온사인처럼 번쩍거리고 잎사귀는 기계적으로 평면화되어 있다. 배경의 짙은 초록색 잎사귀들도 평면적으로 처리되어 있어 깊이감이 전혀 없다. 자연의 입체적 풍성함은 사라지고 그래픽 디자인의 기호만이 남았다.

1964년 워홀이 발표한 〈꽃〉 연작은 언뜻 아름다운 자연 예찬처럼 보이지만, 자세히 들여다보면 전혀 다른 이야기를 들려준다. 워홀이 사용한 원본 이미지는 「모던 포토그래피(Modern Photography)」라는

〈꽃〉, 1964

잡지에서 발견한 패트리샤 콜필드의 꽃 사진을 무단으로 가져와 변형한 것이다. 실제 꽃을 사진으로 찍고, 사진을 다시 실크스크린으로 복제하고, 거기에 인공적인 색을 입힌 삼중의 시뮬라크르다. 결국 우리가 보는 것은 꽃이 아니라 꽃 이미지의 이미지다.

꽃은 전통적으로 아름다움과 순수함을 상징해 왔지만 워홀의 꽃에는 그런 순수함이 없다. 대신 상업적 복제와 인공적 가공의 흔적만 가득하다. 자연마저 상품이 되고 이미지가 되어 버린 현실을 적나라하게 드러낸다. 실크스크린이라는 기법도 꽃의 의미를 변화시킨다. 워홀은 기계적 복제를 통해 감정과 온기를 제거한다. 기계적으로 만들어 낸 꽃에는 생명의 온기가 없다. 아름다움이라는 것에 고정된 본질이 있는가? 자연스러움과 인공적인 것의 경계는 어디인가? 이 꽃들은 그런 이분법적 사고를 무너뜨린다. 인공적이면서 동시에 아름답고, 죽어 있으면서 동시에 생생하다.

앤디 워홀의 작품들 앞에 서면 우리는 자신을 마주하게 된다. 과연 내가 사랑하고 동경하는 것의 실체는 무엇인가? 나의 욕망과 환상은 어디에서 오는가? 나 자신은 얼마나 실재적인가? 진정성을 찾는 방법은 무엇인가? 워홀은 모든 것이 시뮬라크르인 세상에서는 시뮬라크르를 시뮬라크르로 받아들이는 것이야말로 가장 정직한 태도라고 답한다. 환상을 환상으로 알면서도 그 안에서 아름다움과 의미를 발견하는 것, 바로 여환자비(如幻慈悲)의 마음으로 세상을 보라는 말이 아닐까. 모든 존재가 실체가 없는 인연의 산물임을 깨달으면서도 세상을 향한 자비심을 잃지 말라는 당부일 것이다.

나는 누구인가?
통념을 깨부수는 날것의 목소리

장 미셸 바스키아
Jean-Michel Basquiat

"나는 작품 활동을 할 때
예술에 대해 생각하지 않는다.
나는 삶에 대해
생각하려고 노력한다."

"부처를 만나면 부처를 죽이고,

조사를 만나면 조사를 죽여라."

– 임제의현

당나라의 선승 임제의현 스님은 이 격정적인 가르침으로 후대 불교사에 묵직한 울림을 전했다. 일명 '살불살조(殺佛殺祖)'. 이 파격적인 선언은 단순히 신성(神聖)을 모독하거나 파괴하자는 뜻이 아니다. 오히려 어떤 관념이나 권위든, 그것이 고정되는 순간 자신을 얽어매는 족쇄가 된다는 통찰이다. '부처'라는 이름조차 절대화하는 순간 그것은 이미 깨달음의 길을 막는 상(相)일 뿐이다. 그러니 모든 이름과 형상에 압도될 게 아니라 언제든지 그 허상을 부수고 뒤집어 볼 수 있는 바른 견해[正見]를 가지라고 요구한다.

진리는 신성한 법당 안에 갇혀 있지 않으며, 때로는 불명료하고 혼란스러운 자리에서 오히려 더 또렷하게 모습을 드러낸다. "무엇이 부처인가?"라는 물음에 운문문언 스님이 "마른 똥막대기"라고 응수한 것도 그와 같은 맥락이다. 성스러움과 비천함의 경계가 허물어지는 역설을 통해 우리는 비로소 모든 분별 너머에 있는 실상의 맨 얼굴과 마주하게 된다.

1978년 뉴욕 맨해튼의 뒷골목. 열일곱 살의 흑인 청년이 어깨에 페인트 통을 메고 거친 벽 앞에 선다. 그는 스프레이를 꺼내 "신의 대안으로서의 세이모[SAMO© AS AN ALTERNATIVE TO GOD]"라고 적는다. '흔해 빠진 낡은 것[SAMe Old shit]'이라는 뜻의 '세이모(SAMO)'는 세상을 향해 던지는 그만의 메시지가 되었다. 소호 거리 곳곳에 쓰인 이 단어는 선사의 일갈처럼 오가는 사람을 멈춰 세우고 궁금증을 자아냈다. 이 수수께끼 같은 문구는 단순한 낙서가 아니라 제도화된 종교와 정치, 기성 예술의 권위를 한순간에 무너뜨리는 화두였다. 마치 살불살조처럼 통념과 권위의 우상을 깨뜨리고 새로운 깨달음의 안목을 열기 위한 도발이었다.

그 청년, 장 미셸 바스키아(Jean-Michel Basquiat, 1960~1988)는 짧은 생애 동안 고정된 의미, 확립된 질서, 명성과 이름의 가면들을 해체하는 데 몰두한다. 어린아이가 천진난만하게 세상을 그려 놓은 듯한 그의 그림은 무엇도 말해 주지 않는다. 오히려 그것을 바라보는 이에게 질문하게 만든다. 화폭 위에 남겨진 단어와 상처, 해골과 왕관, 해부학 도면과 지워진 이름들. 그것들은 하나의 서사를 풀어내지 않는다. 그러다 보니 어떤 상투적인 분석이나 추론이 설 자리가 없다. 분별로써 화두를 헤아릴 수 없는 것과 같다. 대신 그것들은 선사의 돌연한 일갈처럼 '판단 중지', 즉 무수한 의미의 갈래 앞에서 보는 이의 분별심을 멈추게 한다.

바스키아는 1960년 미국 뉴욕 브루클린에서 아이티계 아버지와 푸에르토리코계 어머니 사이에서 태어났다. 다양한 문화가 얽힌 가정 환경과 도시의 이질적인 감수성 속에서 그는 일찍부터 삶의 다양한 경계를 감각적으로 체득한다. 미술관과 거리, 고전 회화와 낙서 사이를 자유롭게 오가며 그는 제도 밖의 시선을 배웠다. 교과서보다 거리의 언어에 익숙했고, 칠판보다 지하철역의 벽면에서 더 많은 것

뉴욕의 담벼락에 적힌 '세이모는 죽었다' 문구

을 읽었다. 고전 회화에서 시각적 어휘를 흡수하면서도 그의 심장을 두드린 것은 도시의 소음, 재즈의 불협화음, 낙서의 즉흥성이었다.

장 미셸 바스키아는 10대 시절 학교를 떠난다. 그리고 이름 대신 'SAMO©'라는 가면을 쓰고 거리의 벽에 언어의 파편을 남긴다. 이는 제도화된 권위를 해체하는 저항과 분노의 상징이 된다. 그러나 거리에서의 명성이 커질수록 바스키아는 '세이모'라는 익명의 그림자를 벗고 자신의 이름으로 그림을 그리길 갈망했다. 결국 이 프로젝트를 끝내기로 결심한 그는 거리 곳곳에 "세이모는 죽었다[SAMO© IS DEAD]"라는 낙서를 남기며 제도권 미술계로 들어선다.

1980년대 초반, 캔버스라는 새 무대를 만난 바스키아는 곧바로 잠재력을 펼쳐 낸다. 원색의 격돌, 파편화된 신체와 해부학 도해, 거칠게 쓴 이름들과 지워진 단어들로 구성된 그의 회화는 미술계를 강타한다. 당시 주류였던 절제된 미니멀리즘이나 냉철한 개념미술과는 전혀 다른 방식으로 그는 뜨겁고 역동적인, 날것의 감각을 화면에 불러낸다. 작품 속에서는 흑인의 정체성, 소비 자본주의, 음악과 스포츠, 죽음과 신화가 혼재된 상징으로 뒤섞인다.

이 시기 바스키아는 단순한 시각의 재현을 넘어 정체성과 존재 자체에 대한 집요한 탐문을 시작한다. 그리고 이때 뉴욕 미술계의 주목을 받게 된 그의 곁에 또 다른 거물이 다가오는데, 바로 앤디 워홀이다. 이미지를 복제해 원본의 권위를 지워 낸 워홀과 거리에서 삶의 흔적을 끌어 올린 바스키아의 만남은 예술계 안팎에서 충돌과 기대를 동시에 불러일으켰고, 팝아트의 시대성과 거리예술의 역동성이 맞닿은 이들의 협업은 일종의 문화적 교차점이 된다.

　그러나 세상의 관심이 집중될수록 되려 바스키아의 고독은 깊어진다. 점점 창작의 고통과 마약, 성공을 향한 질주와 소외의 피로감이 생명을 잠식해 갔다. 결국 그는 1988년 스물일곱의 나이로 세상을 떠나고 만다. 한밤의 불꽃이 가장 찬란한 순간에 사라지듯이 갑작스럽게 생을 마감한다.

　검은 바탕 위로 무너진 듯한 얼굴 하나가 크게 떠오른다. 눈은 퀭하게 파였고 입은 벌어진 채 이빨을 드러내고 있다. 검은 바탕과 충돌하는 원색, 덧칠과 지움의 흔적들은 마치 삶과 죽음이 분리되지 않고 동시에 호흡하고 있음을 보여 주는 듯하다. 바스키아의 대표작 중 하나인 〈무제〉는 단순히 해골을 묘사한 그림이 아니다. 죽음을 연상시키는 형상을 전면에 내세우면서도 화면 곳곳의 선과 색은 여전히 살아 있는 듯한 긴장을 발산한다. 무엇보다 눈길을 끄는 것은 머리 위의 왕관이다. 왕관은 바스키아의 그림에 반복적으로 등장하는 상징이다. 그는 흑인 음악가, 스포츠 선수, 이름 없는 도시의 인물들에게 왕관을 씌우며 존엄을 회복시킨다. 그러나 왕관은 승리의 휘장이라기보다 고통의 증표처럼 보인다. 빛나는 영광과 쓰라린 상처가 함께 얹혀 있다. 영광과 고통은 따로 존재하지 않는다. 모두가 인연 따라 얽히고 동시에 서로를 비춘다.

　정지된 듯한 얼굴이지만, 붓질의 흔적과 파편화된 색채는 여전히 살아 움직이는 듯하다. 화면 앞에 서면 불안과 매혹이 동시에 찾아온다. 죽음을 응시하는 순간, 오히려 지금 살아 있다는 사실이 더욱

〈무제〉, 1982

선명해진다. 바스키아의 해골은 두려움의 상징이 아니라 새로운 인식으로 들어가는 문턱이다. 누구나 마주해야 하는 죽음과 삶에 대한 근본적인 질문을 화두처럼 던진다. 그것은 해골의 얼굴을 빌려 우리 앞에 침묵하는 스승처럼 서 있다. 언어로는 설명되지 않지만 보는 이를 멈추게 하고 질문하게 만든다. 영광이자 상처로서 왕관은 얼굴 위에서 빛나지만 그만큼 무겁다. 바스키아는 그 모순을 있는 그대로 드러낸다.

해골은 바스키아 자신일 수도 있고 그를 바라보는 관람자일 수도 있다. 혹은 어느 시대, 어느 공간에서든 '말하지 못한 자들'을 모아 놓은 형상일 수도 있다. 형상은 정답을 말해 주지 않는다. 대신 보는 이를 응시한 채 되묻는다. "당신은 누구인가?" 말하자면 바스키아의 해골은 정지된 상징이 아니라 살아 있는 물음이다.

바스키아의 이런 질문 방식은 〈부처로서의 새〉에서도 이어진다. 전작들에서 자주 보였던 격렬한 단어와 상징들이 사라지고, 화면에는 단순한 얼굴 하나가 고요히 떠 있다. 푸른 바탕에 뚜렷하지 않은 붉은 윤곽선으로 둘러싸인 얼굴은 정형화된 부처도 날개를 펼친 새도 아니다. 그 모호함이 우리를 작품 앞에 멈춰 세운다. 제목에 붙은 '새[Bird]'는 문자 그대로 하늘을 나는 존재일 수 있지만, 바스키아가 존경한 재즈 비밥(Bebop)의 거장 찰리 파커(Charlie Parker)를 향한 조용한 헌사일 수도 있다. 파커가 즉흥 연주로 음악의 질서를 흔들며 새로운 길을 열었던 것처럼, 바스키아 또한 그림 속에서 기존의 형상과 의미를 해체하고 낯선 자유를 실험했다. '새[Bird]'가 단순한 조류인지

〈부처로서의 새〉, 1984

혹은 파커의 그림자인지는 확정하기 어렵지만, 적어도 이 단어는 머무르지 않고 흐르는 무주(無住) 존재를 상징한다고 볼 수 있다.

이 작품에서 눈길을 끄는 것은 왕관의 부재다. 다른 작품에 자주 등장하는 왕관을 이 그림에서는 찾아볼 수 없다. 그러나 장식이 빠진 얼굴은 오히려 더 단단해 보이며 무관(無冠)의 위엄을 드러낸다. 이는 진리가 이름이나 권위에 있지 않고, 공허 속에서 더 뚜렷해진다는 가르침을 상기시킨다. 이 작품 역시 설명을 거부한다. 말이 사라진 자리에 그저 고요한 응시만이 남아 있다. 이전의 작품들이 강렬한 외침과 충돌로 관람자를 붙잡았다면, 이 그림은 침묵으로 질문을 던진다. 이로써 보는 이가 해석하려는 마음을 내려놓고 잠시 멈추어 서게 만든다. "부처는 특별한 형상에 있는가, 아니면 지금 내 앞의 이 얼굴 속에도 있는가?"

바스키아는 스스로를 특정한 정체성으로 규정하길 거부했다. "나는 흑인 예술가가 아니라 예술가다." 이 선언처럼 〈부처로서의 새〉에 등장한 붓다의 얼굴 역시 특정한 누군가를 대표하지 않는다. 다만 익살스럽게 미소 짓고 있을 뿐이다. 이는 인종, 국적, 이름을 넘어선 보편적 존재의 초상이다. 이 작품은 단순한 종교적 이미지가 아니며 성스러움과 평범함이 둘이 아님을 보여 주는 하나의 화두이다. 새처럼 흔적 없이 지나가고 부처처럼 형상에 머물지 않는 존재, 바스키아는 이 간명한 형상을 통해 우리에게 되묻는다.

"당신은 어디에서 부처를 찾고 있습니까?"

혐오와 폭력의 시대,
화두를 던지는 거리의 예술가

뱅크시
Banksy

"예술은 위안이 아니라
불편함이어야 한다.
예술은 우리를 흔들어
깨워야 한다."

한 선승이 묻는다. "텅 비어 한 물건도 없는데, 이제 어찌해야 합니까?" 깊은 마음속에서 울려 온 이 절박한 물음의 주인공은 엄양 스님이다. 질문을 받은 조주 선사는 폭풍처럼 고요한 한마디를 내리친다. "내려놓아라[放下着, 방하착]." 엄양 스님이 되묻는다. "이미 빈손인데 무엇을 더 내려놓으란 말입니까?" 그의 항변에는 '나는 모든 것을 비웠다'라는 마지막 자만, 미세한 아집의 티끌이 묻어 있다. 조주 선사는 그마저 베어 내려는 듯 여지없이 날카로운 칼날을 꺼내 든다. "그렇다면 짊어지고 가거라[着得去, 착득거]."

　　내려놓으라는 가르침과 짊어지라는 가르침의 역설. 이 짧은 선문답 속에 인간 실존의 가장 깊은 양면성이 담겨 있다. '방하착'은 소유와 집착은 물론, 비움에 대한 집착까지도 놓아 버리라는 서슬 퍼런 수행의 언어다. 모든 집착을 내려놓고 천 길 낭떠러지와 마주 서는 길이다. 그러나 그 완전한 비움의 끝에서 우리는 무엇을 만나는가. 내려놓아야만 담아낼 수 있는 세계가 있다. 버릴 수 없는 것, 짊어지고 갈 수밖에 없는 이것이 바로 '착득거'의 세계이다. 텅 빈 충만 속에서 오롯이 감당해야 할 삶의 본질. '내려놓음'이 소멸이라면 '짊어지고 가는 길'은 생성이다. 비움과 채움, 놓아 버림과 짊어짐은 그렇게 하나의 몸짓으로 완성된다.

　　천 년의 시간을 건너, 고요한 폭풍과도 같은 이 화두는 오늘날 벼린 칼끝처럼 예술가의 눈앞에서 섬광을 번뜩인다. 자신의 이름과 얼굴을 '내려놓고', 우리 모두가 '짊어져야' 할 메시지를 던지는 익명의 거리 예술가 뱅크시(Banksy). 그는 철저히 자신을 비움으로써 세상

모든 곳에 현존하는 역설을 체화한다. 그의 예술은 아상(我相)을 지운 빈 배가 되어 세상의 견고한 편견과 권력에 부딪혀 파문을 일으킨다. 그러나 그는 비우는 데서 멈추지 않는다. 텅 빈 익명성 위로 전쟁과 자본, 불평등과 소외라는 시대의 아픔을 오롯이 짊어지고 도시의 가장 낮은 곳으로 향한다. 그의 그라피티는 하룻밤 사이에 그려졌다가 흔적도 없이 사라지는 '방하착'의 그림자를 드리우는 동시에, 보는 이의 마음에 영원히 지워지지 않는 질문과 성찰의 무게를 남기는 '착득거'의 숙명을 짊어진다. 뱅크시는 그렇게 놓아 버림과 짊어짐 사이의 위태로운 경계 위에서 이 시대의 아픈 풍경을 그리는 예술가다.

이름도 얼굴도 없이 등장한 한 인물이 세계 예술계를 흔들고 있다. 뱅크시가 누구인지, 언제 어디서 태어났는지는 분명하지 않다. 사람들은 1970년대 중반, 영국 서부의 도시 브리스틀 어딘가에서 그가 출생했을 거라고 말하지만 확실치 않다. 알려진 이력도 없다. 출신 학교도, 가르침을 받은 스승도, 초기 화풍도 불분명하다. 그는 처음부터 실체를 드러내지 않았고, 익명의 화살처럼 세상을 향해 메시지를 쏘아 올리며 오직 그림과 질문을 남겼을 뿐이다. 확실한 것은 단 하나, 그가 거리의 벽에서 작품 활동을 시작했다는 사실이다. 낡은 골목길, 전철역 기둥, 버려진 창고의 외벽 등 누군가에겐 그저 스프레이 낙서처럼 보이는 작업을 통해 그는 조용히 목소리를 키워 나갔다. 그 작업은 회화도 조각도 아닌, 스텐실 기법을 사용해 빠르고 정확하게 이미지를 남기고 사라지는 방식이다.

브리스틀과 런던을 중심으로 거리마다 등장한 기묘한 그림들은 공통된 정서를 불러일으킨다. 분노, 연민, 그리고 묵묵한 연대이다. 전쟁, 감시, 권력, 자본주의, 소비사회에 대한 통렬한 풍자와 유머. 뱅크시의 이미지들은 시위와 기도의 경계 어딘가에 놓여 있다. 그는 거리 한복판에서 특유의 유머로 불편한 진실을 감싸 그림 속에 숨겨 놓는다. 특히 2005년, 뱅크시는 이스라엘-팔레스타인 분리 장벽 위에 그림을 남기며 세계의 주목을 받게 된다. 철조망과 콘크리트 너머로 보이는 환상적인 풍경, 혹은 벽을 넘으려는 아이의 모습. 그 벽은 현실이자 마음이었다. 뱅크시의 눈에 비친 것은 분리의 벽, 혐오의 벽, 망각의 벽이다.

2009년 브리스틀 시립미술관에서 대규모 전시가 열렸다. 그러나 뱅크시는 모습을 드러내지 않고, 전시장 한복판에는 폐차·감시 카메라·고장 난 현금 인출기들이 소품처럼 놓인다. 공식 안내문에 적힌 '시에서 가장 과대평가된 예술가와의 협력'이라는 문구에서 알 수 있듯이 뱅크시는 예술의 권위를 해체하고, 미술관의 권력을 풍자하며, 심지어 자신마저 조롱한다. 그런데도 사람들은 줄을 서서 그의 작품을 보러 왔는데, 뱅크시는 벽과 거울에 다음과 같은 문구를 새겨 다시 한번 그들을 당황케 한다. "당신은 무엇을 보러 왔는가?"

뱅크시는 지금도 세계 곳곳에서 예고 없이 모습을 드러낸다. 폐허가 된 건물, 유럽의 난민촌, 평범한 거리와 후미진 벽을 가리지 않고 그림을 남기고 침묵한다. 얼굴 없는 이 작가가 던지는 질문은 선사의 공안처럼 여운을 남긴다. "누가 이것을 보았는가?" "당신은 이 장면 앞에서 무엇을 느끼는가?" 이름 없이 떠돌고, 사라지고, 다시 나타

〈풍선을 든 소녀〉, 2004

2018년 소더비 경매에서 낙찰되자마자 파쇄되는 〈풍선을 든 소녀〉

나는 이 예술가는 사막을 건너는 구법승과도 같다. 자신의 성취를 내려놓고 아무 말도 없이, 다만 '보다'라는 행위 자체를 되묻는다. 그는 직접 우리에게 말하지 않는다. 그러나 그의 침묵은 가장 또렷한 목소리가 되어 돌아온다.

도심의 후미진 벽에 한 소녀가 그려져 있다. 작은 소녀는 바람을 따라 손에서 붉은 풍선 하나를 놓아 보낸다. 뱅크시의 대표작 〈풍선을 든 소녀〉는 언뜻 보면 단순한 상실의 이미지처럼 보인다. 그러나 찬찬히 들여다보면, 그것은 단지 풍선이 떠나는 장면이 아니다. 떠나보냄의 순간, 즉 '놓아주는' 마음이 강조돼 있다. 소녀의 손끝에서 멀어지는 풍선은 우리의 집착, 기대, 애착, 혹은 지나간 사랑일 수도 있다. 그것은 사라져야만 했던 것들이다. 무언가를 놓는다는 것은 단지 상실을 의미하지 않는다. 동시에 새로움을 맞이할 수 있는 공간을 열어 주는 행위다. 무집착의 수행은 손에 쥔 것을 더 오래 붙들려는 노력이 아니라 놓아야 할 때를 아는 지혜에서 비롯된다.

뱅크시의 메시지는 여기서 그치지 않는다. 가장 유명한 에피소드는 2018년 소더비 경매에서 일어났다. 〈풍선을 든 소녀〉가 104만 파운드에 낙찰되자마자, 액자 내부에 숨겨져 있던 파쇄기가 작동해 작품의 절반이 찢겨 내려갔다. 시장에 진입하는 순간, 예술은 예술이기를 멈춘다는 선언이었다. 형태를 잃은 그 그림은 오히려 더 완전해졌다. 이처럼 뱅크시의 시선은 예술 자체에 관한 성찰에 멈추지 않는다. 더 넓게 더 멀리 시선을 둔다.

뱅크시의 작품을 이야기할 때 〈꽃을 던지는 사람〉을 빼놓을 수

〈꽃을 던지는 사람〉, 2003

없다. 검은 상의에 두건으로 입을 가린 한 남성이 전방을 향해 무언가를 던지고 있다. 활시위를 당기듯 뒤로 젖힌 팔, 그 팽팽한 몸짓이 보는 이의 숨을 멎게 한다. 그러나 그가 던지는 것은 돌이나 화염병이 아니라 한 다발의 꽃이다. 이 작품은 폭력의 기세 속에 숨은 자비의 가능성을 그려 낸다. 시위대의 격렬함을 표현하면서도 그 안에 담긴 메시지는 정반대다. 무기의 자리를 꽃이 대신하고 증오의 자리를 사랑이 대체한다. 남성의 격렬한 저항이 일순 고요해진다. 세상의 무수한 분노와 폭력에 맞서기 위해 그는 아름다움을 던진다. 돌이나 화염병이 아닌 꽃을 던지는 행위는 자비이자 인욕이다. 뱅크시는 이 장면을 통해 침묵 속 자비의 역설적 힘을 되묻는다.

인간을 바라보는 그의 연민은 〈게임 체인저〉에서도 잘 드러난다. 이 작품은 병원 대기실에 그려진 벽화이다. 코로나19 초기 전 세계를 울린 헌사이자, 진정한 영웅에 대한 재정의였다. 그림 속 한 아이가 간호사 인형을 손에 든 채 놀고 있다. 배트맨과 스파이더맨은 쓰레기통에 던져졌고, 대신 마스크를 쓰고 앞치마를 두른 간호사가 새로운 영웅으로 등장했다. 진정한 위대함이란 능력이 아니라 이타성에서 비롯됨을 잘 보여 준다. 남을 구하려는 마음, 고통을 함께하는 태도, 목숨을 걸고 생명을 보살피는 손짓, 이런 것들이야말로 붓다가 말한 진정한 자비심의 현현이다.

뱅크시의 시선은 고통의 표면에 머물지 않고 그 근원까지 파고든다. 〈세일 종료〉를 보면, 대형 할인 간판을 향해 두 손을 모은 사람들이 있다. 누군가는 울고 누군가는 엎드려 기도한다. 이 장면은 현세

〈게임 체인저〉, 2020

〈세일 종료〉, 2006

적 욕망에 집착하는 현대 사회의 자화상이다. 자본주의의 사원, 소비의 제단 앞에 머리를 조아리는 현대인들의 모습은 우리에게 너무도 익숙한 풍경이다. 단 하루뿐인 할인, 한정된 수량, 빠르게 클릭해야만 얻을 수 있는 무언가를 얻고자 혈안이 된 사람들. 일상에서 이런 장면은 윤회처럼 반복된다. 그러나 이 절박한 몸짓들은 머지않아 허망함으로 돌아간다. 손에 쥐면 소유한 듯하지만, 결국 붙들린 쪽은 나 자신이다.

이처럼 뱅크시의 그림은 그 자체로 공안이고 선문답이다. 그 앞에 서는 순간, 우리는 설명이 아니라 침묵에 가까워진다. 단어보다 이미지가 먼저 말하고 의미보다 느낌이 먼저 다가온다. 그의 작품은 종종 보기 불편하다. 마치 선사의 일갈처럼 날카롭고 깊은 여운을 남기기 때문이다. 그러나 무언가를 꽉 움켜쥔 손에 힘을 푸는 순간, 풍선은 하늘이 되고 꽃은 길이 된다. 영웅은 바뀌고 세일은 끝난다. 무상(無常) 속에 내려놓은 그 빈자리에서 비로소 우리는 무언가를 짊어지고 길을 떠날 수 있다. 스승이 졸고 있는 제자에게 죽비를 내리치듯 뱅크시는 우리를 흔들어 깨운다.

"내려놓을 것인가 아니면 짊어지고 갈 것인가?"

비어 있음으로
충만함을 드러내다

안토니 곰리
Antony Mark David Gormley

"예술은 우리가 누구인지,
어디에 있는지를
묻는 방법이다."

용맹정진(勇猛精進). 좌복 위에서 화두를 들고 고요 속에 앉으면 먼저 만나는 것은 몸 안쪽에서 울리는 텅 빈 울림이다. 들숨과 날숨이 드나드는 길, 뼈와 근육이 지탱하는 크고 작은 공간을 따라 수많은 울림과 채움이 반복된다. 밀려오는 졸음을 몰아내면 어느새 허리와 무릎에서 통증이 올라온다. 어떤 때는 몸이 가볍고 편안하게 느껴지다가도 어느 순간엔 천근만근 무겁고 지탱하기조차 버거울 때가 있다. 이렇듯 몸은 수시로 우리에게 화두를 던진다.

몸이란 무엇일까. 욕망의 발원지인가, 고통의 근원인가? 혹은 사유와 감각이 깃드는 하나의 우주인가? 수행자의 길은 언제나 이 몸에서 시작된다. 앉아서 숨을 고르고, 통증을 감내하며, 미세한 변화조차 수행의 대상으로 삼는다. 이 모든 일이 몸이라는 도량에서 일어나는 일이다. 몸을 응시하는 것은 곧 진리를 응시하는 일이다. 몸을 관찰하면 감각의 생멸을 알아차리게 되고, 다시 그 알아차림이 삶에서 어떻게 드러나는지를 보게 된다.

불교는 진리를 세 가지 몸, 즉 삼신(三身)으로 표현한다. 첫째, 영원불멸하며 모든 존재의 근원인 법신(法身)은 모든 것이 생겨나기 전의 진리 그 자체다. 둘째, 깨달음을 통해 쌓은 공덕으로 인해 나타나는 보신(報身)은 지혜와 자비를 갖춘 깨달음의 주체다. 셋째, 화신(化身)은 중생을 구제하기 위해 시간과 공간에 구현된 구체적인 모습으로 우리 곁에 다가온다. 이 셋은 나뉘지 않되, 서로 다른 결을 따라 흐르며 하나의 진실을 삼중으로 펼쳐 낸다.

영국의 조각가 안토니 곰리(Antony Mark David Gormley, 1950~)의

예술은 이 삼신의 리듬과 공명한다. 직접 몸을 본뜨되 몸을 비우고, 형상을 빌리되 형상을 넘어선다. 형상은 있으되 중심이 없고, 무게는 있으되 닿을 수 없다. 그는 단단한 재료로 비어 있는 공간을 짓고 사람의 외형으로 형상 너머를 가리킨다. 그의 조각은 비어 있으나 충만하고, 무겁게 서 있으면서도 공기처럼 가볍다. 그 안에서 우리는 물질이 사유로 변하는 순간을 체험한다. 물론 곰리가 삼신을 직접 설명하진 않는다. 다만 조각을 통해, 몸을 통해 그 진실이 일어나는 자리를 조용히 가리킨다. 그의 작업에는 일관된 직선이나 단일한 상징이 없다. 대신 반복적으로 등장하는 것은 '비어 있음'이라는 상태, 존재와 부재가 동시에 숨 쉬는 자리다. 비어 있으나 가득한, 형상이 있으나 속이 파여 있는 그것은 '몸으로 구현된 공성(空性)'에 다름 아니다.

법신의 보이지 않는 진리를 형상으로, 보신의 빛나는 자비를 재료로, 화신의 살아 있는 현실을 감각으로 바꾸어 내는 그의 조형 언어 앞에서 우리는 안과 밖의 경계를 묻게 된다. 이것은 나인가, 타자인가? 이것은 몸인가, 공간인가? 선(禪)의 언어로 말하자면, 그것은 몸이라는 '무문관(無門關)'이다. 곰리는 그런 문을 조각으로 빚어낸다. 관객들은 그 문을 지나며 문득 멈춰 서서 자신이 지금 세계라는 선방(禪房)에, 몸이라는 도량에 서 있음을 자각하게 된다.

1950년 런던에서 태어난 안토니 곰리는 어린 시절부터 존재의 근본적 물음에 이끌렸다. 케임브리지대학교에서 고고학·인류학·미술사를 전공한 그는 인간 문명의 기원과 종교적 상징체계에 매료됐지만, 동시에 서구 사유가 구축한 이원론적 세계관의 한계를 자각한다. 1971년 인도와 스리랑카로 떠난 3년간의 여행은 그의 인생에 결정적 전환점이 된다. 불교 사원과 명상 센터에서 머물며 요가와 위빠사나 수행을 익혔고, '몸의 감각을 관찰하는 것이 깨달음의 문'이라는 불교적 통찰에 깊이 감응한다. 곰리는 "명상은 내면의 어둠 속에서 빛을 찾는 것이 아니라, 어둠 자체가 또 다른 형태의 빛임을 깨닫는 과정이었다"라고 회고한다.

1974년 영국으로 돌아온 곰리는 슬레이드 미술학교에서 조각을 전공하며 본격적으로 작가의 길을 걷는다. 전통적 조각이 외부 대상을 재현하는 데 집중했다면, 그는 인간의 몸을 사유의 장소로 삼았다. 자기 몸을 석고로 본떠 내부를 비워 내는 독특한 캐스팅 기법을 고안한 것도 이 시기다. 곰리에게 몸은 고립된 자아의 껍질이 아니라 세계가 드나드는 문이자 우주적 공명체였다.

1981년부터 시작된 대표 연작 '케이스(case) 시리즈'는 인간의 몸을 납이나 철로 감싼 형태로 내부와 외부, 충만과 공허, 물질과 정신의 경계를 탐구한다. 1990년대 이후 곰리는 작품의 규모를 키워 조각을 사회적·우주적 차원으로 확장한다. 이후 등장한 대형 프로젝트들은 '몸'이라는 개별성을 넘어 인간 전체의 집단적 경험과 우주의 질서를 포괄한다. 2000년대에 들어서는 철선·유리섬유·디지털 픽셀 구조 등 새로운 재료와 기술을 도입하며 인간 존재를 끊임없이 변화하는 에너지장(場)으로 재해석한다. 곰리에게 조각은 더 이상 물질의 덩어리가 아닌, 의식과 우주가 서로를 드러내는 투명한 통로가 된다.

바닷가 여기저기에 철제 인간 형상이 서 있다. 모두 같은 자세와

〈또 다른 장소〉, 2005

같은 크기지만 각기 다른 방향을 바라본다. 어떤 이는 수평선을 응시하고, 어떤 이는 하늘을 올려다보며, 또 어떤 이는 발아래 파도를 내려다본다. 녹슬어 가는 철제 표면, 조개와 해초가 달라붙은 몸체가 시간의 흐름과 자연의 순환을 짐작하게 한다. 영국 머지사이드의 크로스비 해변에 설치된 〈또 다른 장소〉는 곰리가 자신의 몸을 본떠 만든 여러 개의 철제 형상으로 구성한 작품이다. 조각상들은 각기 다른 방향과 시선으로 저마다의 고독을 품고 서 있다. 물결의 움직임에 따라 바다에 잠겼다가 다시 모습을 드러내는 모습이 마치 생명과 물질, 존재와 부재의 경계를 오가는 듯한 묘한 감정을 불러일으킨다. "삶과 죽음의 경계가 어디입니까?"라는 제자의 질문에 붓다가 "한 호흡 사이"라고 대답했듯이, 우리 몸이야말로 생과 사가 공존하는 공간이다.

　때로는 바닷물에 거의 잠겨 형체만 희미하게 보이다가, 다시 뭍으로 드러나 뚜렷한 실루엣을 드러내는 모습은 형상과 언어 이전의 법신을 연상시킨다. 법신은 형상이 없는 진리 자체이지만 인연을 따라 무한한 모습으로 드러난다. 이 조각상들도 한 작가의 몸에서 비롯됐지만 각기 다른 위치와 자세를 통해 개별적인 존재의 모습을 보여 준다. 그러나 전체적으로는 하나의 거대한 장(場)을 형성하며, 서로가 서로에게 영향을 미치고 연결돼 있음을 암시한다. 바다와 바람, 그리고 하늘이라는 자연의 흐름 속에서 조각상들은 고정된 실체가 아니라 끊임없이 변화하는 연기(緣起)의 존재로 다가온다. 그들은 그저 거기에 존재함으로써 우리에게 존재의 근원과 삶의 진리에 대한 깊은 사유를 불러일으킨다.

〈블라인드 라이트〉, 2007

안토니 곰리가 2007년 런던 헤이워드 갤러리에서 선보인 〈블라인드 라이트〉는 유리 상자 안에 짙은 안개를 채운 설치 작품이다. 안으로 들어서는 순간, 관람객은 한 치 앞도 보이지 않는 새하얀 공간에 갇혀 버린다. 시각이 차단되면서 이내 다른 감각이 깨어난다. 발바닥으로 전해지는 바닥의 감촉, 피부로 느껴지는 습기, 귓가에 스치는 타인의 숨소리와 발걸음 소리. 형상이 사라진 곳에서 오히려 존재의 실감이 더욱 선명해지는 것이다. 곰리는 "이 작품에서 당신은 보는 주체에서 보이는 객체가 된다"라고 말한다. 안개 밖에서 바라보는 이들에게 유리 상자 안의 인간들은 희미한 실루엣으로 보인다. 마치 무명(無明)의 안개 속에서 헤매는 우리 자신을 비추는 거울과 같다. 안과 밖, 보는 자와 보이는 자의 위치가 끊임없이 뒤바뀌며 관찰자는 어느새 관찰당하는 존재로 변한다.

〈블라인드 라이트〉는 수행을 통해 쌓은 공덕으로 완성된 지혜와 자비의 몸인 보신을 떠올리게 한다. 관람객은 짙은 안개 속에서 헤매며 외부의 빛을 잃은 채 오직 자기 내면을 향해 나아간다. 짙은 안개는 세상의 번뇌와 망상을 상징한다. 그 속에서 길을 잃지 않기 위해서는 내면의 빛, 즉 지혜에 의지해야 함을 일깨운다. 앞선 사람의 형체가 흐릿하게 보이는 장면은, 타인의 존재를 인식하되 그들의 길을 그대로 따라갈 수는 없음을 깨닫게 한다.

이처럼 곰리는 시각을 제거함으로써 관람객들에게 자신의 몸을 오롯이 인식하고 내면의 감각을 일깨우는 경험을 선사한다. 이는 마음의 등불로 어둠을 비추며 걷는 수행자의 체험과 닮았다. 만약 우리

〈북쪽의 천사〉, 1998

가 〈블라인드 라이트〉를 통해 내면의 빛, 지혜에 의지해 번뇌의 안개를 걷어 내는 보신을 연상할 수 있다면 그 지혜는 다시 세상으로 나아가 고통받는 중생을 돕는 자비의 형태로 발현되어야 한다.

안토니 곰리의 수많은 작품 가운데 중생을 향한 자비의 화신을 떠올리게 하는 작품은 무엇일까? 바로 〈북쪽의 천사〉다. 영국 북부 게이츠헤드의 고속도로 옆 언덕에 우뚝 솟은 이 거대한 강철 조각상은 마치 수호신처럼 그곳을 지나는 수많은 사람을 굽어본다. 관세음보살이 중생을 구제하기 위해 현실 세계에 직접 현현(顯現)한 듯하다. 텅 빈 하늘을 향해 팔을 벌린 천사 혹은 관세음보살의 형상은, 인간이 단순히 땅에 발붙이고 사는 존재가 아니라 끊임없이 정신적으로 고양되고 확장될 수 있는 존재임을 일깨운다.

지금껏 보았듯이 안토니 곰리의 작품에 표현된 몸은 비어 있되 가득하고, 드러나되 감추어져 있으며, 눈앞에 있되 손에 닿지 않는다. 그 형상은 법신처럼 무형의 진실을 품고 있고, 보신처럼 자비의 빛으로 가만히 말을 걸며, 화신처럼 지금 우리 곁에 조용히 서 있다. 법신의 고요, 보신의 빛남, 화신의 따뜻한 손길이 곰리의 조각에서 하나로 응축된다. 그는 말하지 않는다. 다만 서 있을 뿐이다. 침묵의 무게로 말하고 비움의 시선으로 응시한다. 그러면서 우리에게 묻는다.

"이 껍데기 속에 갇힌 '나'의 실체는 무엇인가요?
나는 어디에서 왔고, 어디로 가고 있나요?"

미술관에 간 스님
알고 보면 더 힘이 되는 미술 명작 수업
ⓒ 보일, 2026

2026년 1월 11일 초판 1쇄 발행

지은이 보일
발행인 박상근(至弘) · 편집인 류지호 · 편집이사 양동민
책임편집 양민호 · 편집 김재호, 김소영, 최호승, 정유리, 이란희, 이진우 · 디자인 쿠담디자인
제작 김명환 · 마케팅 김대현, 김대우, 이선호, 류지수 · 관리 윤정안
콘텐츠국 유권준, 김희준
펴낸 곳 불광출판사 (03169) 서울시 종로구 사직로10길 17 인왕빌딩 301호
　　　　대표전화 02)420-3200 편집부 02)420-3300 팩시밀리 02)420-3400
　　　　출판등록 제300-2009-130호(1979. 10. 10.)

ISBN 979-11-7261-226-9 (03220)

값 20,000원

미켈란젤로

파울 루벤스

바실리 칸딘스키

앙리 마티스

파블로 피카소

마르셀 뒤샹 　　　　　　에드워드 호퍼

데이비드 호크니 　　　　마크 로스코

　　　　　　　　　　잭슨 폴록

　　　　　　　　　　살바도르 달리

　　　　　　　　　　앤디 워홀

　　　　　　　　　　장 미셸 바스키아

　　　　　　　　　　뱅크시

　　　　　　　　　　안토니 곰리